教室裡有一頭大象

——思考、思考、講道理

冀劍制　著　翔龍　繪

三民書局

序──給家長的話

網路時代，意見交流快速，但眾人缺乏講道理（論理）的習慣與能力，以致於衍生出許多無謂的紛爭，汙染著每個人純淨的生活。然而，想要獲得這個習慣與能力，其實並不容易，需要長時期培養，最好從小開始建立。撰寫此書，就是期待能達成這個目的。希望透過故事，生動地掌握「論理觀念」，並且藉此養成「論理習慣」與提昇「論理能力」。

學習論理能力需要先養成習慣。而習慣的養成，從遵行「做任何主張，都要有理由」開始。學習之初，不管理由好不好都沒關係，不要挑剔好壞，有理由就行，以避免找不出好理由而放棄。但是當然，完全無關的理由也不行，因為無關的理由根本就不能算是論理。理由或多或少要對主張有支持力才行。

所以，家長可以讓孩子多講道理。鼓勵用道理去支持主張，把講道理變成一件好玩的事情。不管道理好或不好，只要有一點點支持的力量，都給予鼓勵。甚至偶爾講點歪理也沒什麼關係。重點在於——「養成習慣」。

但家長自己最好也培養講道理的習慣，不管要求孩子做什麼，都講道理。久而久之，孩子自然也會習慣用講道理的方式去跟他人溝通。除此之外，這個習慣養成的步驟也可以從網路發言或跟朋友閒聊做起。例如，在社群軟體上只要說出任何是非善惡的主張，就要求自己至少要說一點理由。如果沒有理由，就不要做任何主張。日常聊天時也是一樣，有主張，就至少簡單說一下理由，也可以順便練習口語表達能力。另外，當聽見別人的主張時，也仔細尋找別人的理由，如果找不到，可以試著問問看，「為何這麼想呢？」「你的理由是什麼？」以培養讓主張和理由總是結伴而行的認知習慣。

養成論理的習慣後，就可以開始運用第二個觀念，「越好的理由，就越可能是對的」。藉此，除了找到一個理由之外，還要繼續尋找更好的理由，並且學習比較誰的理由最好。這個比較好壞的部分可以先訴諸直覺，人的邏輯直覺其實相當程度可以判斷理由的好壞，但對於某些難分高下的推理來說，需要學習邏輯學才能進一步分析清楚。邏輯學的難度較高，若有興趣，可參考相關專門書籍。

第三個觀念，「無論理由有多好，都可能是錯的」。這是針對沒有標準答案問題的一項重要特徵。這個觀念，也配合了生活中重要的思考法則之一，「合理的不一定就是正確的」。無論我們已經找出多麼合理的理由，背後仍舊隱藏著錯誤的危機。也因為如此，產生了第四和第五個觀念，「很會思考的人，也有可能犯錯」以及「無論現在已經有了多好的理由，一定還有更好的理由還沒被發現」。

這幾項是屬於論理的基本觀念，如果可以牢記在心，並且依據這些基本觀念生活，除了可以不斷精進思考力之外，還能盡量（也只能盡量）避免因過度自信而導致不當後果。當然，論理的依據也很重要，如果訴諸錯誤知識，再會論理也沒用。所以，具備豐富知識才能讓好的論理能力發揮功用。家長具備了好的論理素養，就自然可以隨時培養孩子的論理素養。

除了論理與知識的重要性之外，本書也針對「遇見兩難困局該怎麼辦？」以及關於說謊、愛護動物等品德思辨，以及生活中可能遇到的一些值得思考的問題提出討論。而且也提出幾項在生活中需要牢記在心的思考法則，像是前面談到過的「合理的不一定就是正確的」，其他像是「原因不一定是這樣」、「任何事情都是有可能的」、「看不見不代表不存在」。但本書的設計重點在於論理而不在於這些思考法則，所以在此著墨不多。這是因為我過去幾本兒童故事集的重點大多集中在思考法則。如果想要加強這個部分，可以閱讀之前的幾部著作：幼獅出版的《鞋匠哲學家和放空小嵐》，以及漫遊者出版的《用故事教孩子邏輯思考力》與《用故事培養孩子的邏輯思考素養》。

這本書的內容大約有一半是修改於過去在國語日報兒童思考專欄已發表但尚未出版的文章。由於這幾年我在學校接了行政工作，無暇繼續撰寫此一專欄，而尚未出版的篇章不足以出版成書，所以就一直擱著。很感謝三民書局編輯的邀稿，建議我再多花點時間完成它們，讓這些文字可以問世。

於是我利用一些空閒時間，把這些篇章重新整理，強化論理的內涵，以及故事的趣味性，再增加「教室裡有一頭大象」的篇章。完成後，自己很滿意，很欣喜，也期待讀者們喜歡。

然而，在學習思考的路程中，最有價值的思考能力，是引導智慧的眼睛，看見原本看不見的世界。這也就是西方哲學大宗師蘇格拉底最強調的「無知之知」的智慧視野。在此視野中，世界無限遼闊，沒有邊境；對人的幫助，也沒有極限。

要學會這種思考力，也必須從最根本的養成論理習慣以及提升論理能力開始。學會論理，才能進行真正有效的反思來發現自己的不足，避免陷入因視界狹隘而自我滿足的安樂世界。再進一步才能開啟「無知」領域的眼光，這是屬於哲學的開悟境界，達到這個境界，並不是從此告別思考盲點，而是看見了永遠無法擺脫思考盲點的現實。欲達此一目的，首先要學習察覺「房間裡的大象」。

這個名詞很生動，意思是說某些事情明明很明顯在那裡，但卻被視而不見。最簡單的例子是自己的某些私心、某些缺點，或是因為恐懼、利益，而不敢、不願發聲的某些不公義。這些天天都在每個人的生活中上演，別人都看得很清楚，但卻被自己視而不見。此書裡的「教室裡的大象」也是源自於這個意涵。但當然，故事將大象具體化了，意思也變得不盡相同。

然而，本書的內容尚無法真正協助開啟「無知」的視野，雖有大略提及，但沒有深入探討。若讀者對於開啟「無知之知」的智慧感興趣，可以參考我的其他哲學普及著作。像是三民書局出版的《哲學概論》、《青春超哲學》，以及商周出版的《哲學課的逆襲》、《未經檢視的生活不值得過》，還有啟動文化出版的《哲學家的學佛筆記》。這些書籍都很容易閱讀，都可以作為走向哲思之道的起點。

那麼，歡迎來到哲思世界，很高興在此與您相遇。

冀劍制　庚子歲末於石碇大崙山上

主要人物介紹

普老師

森林學園哲學思考課老師，擅長引導學生思考各種問題，很受學生歡迎，也很愛護動物。

小光

很愛胡思亂想，又愛探險的女生。運動神經很好，常常跑第一名。由於父母離婚後又各自跟不同對象結婚，便將她交給外婆撫養。但外婆年紀大了照顧不來，所以送到森林學園住宿讀書。

阿珍

非常聰明又體貼的女生，和小光住在同一間宿舍，很照顧小光。爸爸是大企業家，想訓練阿珍獨立自主，所以送到森林學園就讀。

小威

不愛唸書又喜歡欺負同學的男生，但很有小聰明，常常會有意想不到的想法。

小花

喜歡和小威作對的女生，常常以反駁小威的想法為樂。

目次

1

講道理威力無窮

「叮～咚～叮～咚～～，咚～叮～咚～叮～～～」上課鐘聲在充滿濃霧的校園裡響了起來，這裡是座落在北部山區的一所森林學園。由於常被霧氣籠罩，使校園增添一股神祕氣息。

今天是新學期的第一天，一個手上拿著布袋的人影在霧中現身，隨即走進哲學思考教室。他是最受學生歡迎的普老師，總是準時在鐘響時走進教室。教室裡正在聊天、玩耍的同學們，一看見老師進來，都趕緊坐到自己的座位上，心裡期待著，「今天要討論什麼有趣的問題呢？」

普老師說話之前總是習慣性地看看每一個人。有沒有人看起來有煩惱？有的話，就會先問有什麼煩惱？這個煩惱就會成為上課討論的主題。如果沒有，普老師就會露出滿意的微笑，然後說出事先準備好的討論主題。於是他說：「秋天快到了，天氣涼爽，我們今天來學習『講道理』吧！」

最喜歡到處探險，還曾經有過許多奇遇的同學小光聽了卻大聲喊著：

「哇！我又夢見了！」同學們和老師都感到很奇怪，只有坐在旁邊的阿珍微笑不語。

阿珍和小光住在同一間宿舍，所以知道小光最近總是可以夢見隔天會發生什麼事情。不過有時候也很難說到底是不是真的很準。例如，前幾天她夢見外婆來找她，結果外婆隔天下午真的來了；但是外婆事先有講過要來，只是小光自己忘記了，可能在夢裡才記得。又有一天，小光夢見自己在吃冰淇淋，然後隔天就去買冰淇淋吃，這樣也說很準，感覺就不太可靠了。

這天早上，小光醒來很苦惱。阿珍問她夢見什麼，她說夢見普老師教很無聊的東西。但問她普老師教了什麼，她卻答不出來，只記得很無聊而已。這個夢讓小光很不想來上哲學思考課，不過還是被阿珍拖來了，因為阿珍很想知道這次會不會準。

在大家疑惑的眼神中，阿珍就把小光的夢跟大家說了，並接著說：「也不知道是真的很準，還是被夢誤導，變成不管教什麼都覺得很無聊。」

小光趕緊解釋說：「今天這個題目真的很無聊啊！講道理有什麼好學的？還不如討論大霧裡有沒有妖怪比較好玩。」說完，小光便開始想像著霧裡有很多妖怪，而且這些妖怪都在講道理，想到這裡，突然笑了起來，覺得這個題目好像也沒這麼無聊了。

大家都不知道小光在笑什麼，但對小光這種行為很習以為常了，所以也不以為意。但在這時，普老師也哈哈大笑，便說：「這個夢感覺蠻準的。因為大部分的人都覺得講道理很無聊啊！」

普老師這樣說像是支持小光的看法，照理說小光應該會覺得很得意，可是她沒什麼反應，還在傻笑，繼續沉浸在妖怪們講道理的想像裡。

最不喜歡學習的同學小威突然很不以為然地開口說：「這種夢當然很準啊！因為上課都很無聊！」

同學小花一聽到小威說話就想反駁他，於是她說：「小光又不是你！哪有人像你一樣不愛上課的！」

小威自己不喜歡上課也就不太相信有人喜歡上課，他都覺得別人只是假裝喜歡上課，想被當作乖小孩而已。但他也很難證明別人真的和他一樣不愛上課，也就沒有繼續爭辯了。他接著又說：「而且普老師說天氣涼爽要學習講理也很奇怪，因為學習講道理跟天氣涼爽又沒關連！天氣很熱也可以學習講道理。」

普老師聽了立刻露出微笑，並且點點頭，意思好像是認為小威講得有道理。其實很多同學也都這麼覺得。

雖然小花也覺得這樣說沒錯，但還是想反駁小威。可是她又想不出要怎麼反駁，只好隨口說：「當然有關連啊！只是你不懂而已！」實際上她也不知道有什麼關連。

「那有什麼關連？妳說啊！」小威不高興地追問。

小花還是想不出來，只好「哼！」一聲，把頭撇過去，假裝知道卻不想說。普老師便笑了笑問：「有沒有人可以說出一個好理由呢？究竟天氣涼爽和學習講道理有什麼關連？」

最聰明的阿珍想了想便說：「學習講道理比較無聊，所以趁著天氣涼爽、心情比較好時來學，這樣就不會覺得太枯燥乏味了。」

小花聽了覺得很有道理，就得意地對著小威說：「看吧！就只有你不知道。」同學們聽到小花這麼說，也趕緊點點頭假裝自己原本就知道了。小威也覺得有點道理，一時之間也不知道該如何反駁。

普老師接著說：「說得很好。看！這就是講道理，本來看起來沒有關連的事情，講了道理就變成有關連了，也會讓大家覺得很有說服力。學會講道理，講話就比較容易讓人信服。」

同學們紛紛點頭：「原來如此！講道理果然很重要啊！」

這時回過神的小光卻說：「可是講道理很簡單啊！我早就會了。所以才會覺得討論這個問題很無聊！」

普老師搖搖頭說：「講道理其實是很難的，而且沒有真正學成的一天。因為，學習講道理就像學畫畫一樣，無論畫多好，總會有缺點。所以，不管多會講道理，都可能會出錯。而且總是可以找出更好的道理。」

小威聽到後就故意找碴說：「那老師不就也會錯！這樣還可以教書嗎？」同學聽了紛紛反對說，「怎麼可能！」、「沒禮貌！」、「老師這麼厲害怎麼可能會錯！」同學們對小威的批評聲浪一陣陣傳來，讓小威有點不服氣地別過頭去。

可是普老師卻笑了笑說：「我當然也會想錯啊！」

大家聽了都嚇一跳。阿珍想了想覺得人偶爾會有疏失，就像買東西時店員偶爾也會找錯錢一樣，可是這種錯誤應該很容易發現吧！所以她接著說：「可是如果老師一時不小心想錯了，那馬上修正不就好了，修正後就不算想錯了啊！」

普老師搖搖頭回答：「問題就在於有時想錯了自己都沒發現，就像剛迷路時，還誤以為自己走在正確的路上。如果連方向都弄錯了，必然會一錯再錯、越錯越嚴重，等到發現時都不知已經錯得多離譜了。這是很可怕的！」

「天啊！連老師都會這樣嗎？」阿珍問。

「這種可能性永遠存在，所以不管多會思考，多有自信心，都需要謹慎小心。而且尤其是當別人反對自己的看法時，就要特別留意自己是不是想錯了。」普老師說。

「會錯還能當老師嗎？」小光很疑惑地問。小威聽到小光支持自己的想法，在一旁很得意地附和：「對呀！對呀！老師會教錯那還不如不要來上課！」

遇到學生的挑戰，身為哲學家的普老師不但沒有生氣，還很高興地微笑解釋：「只要能教很多正確的知識，就有資格當老師了。只不過，除了老師自己要小心不要弄錯之外，學生也不要把老師說的話全部都當成真理，還是要思考一下，如果覺得怪怪的，或是不贊成，就要提出來，這樣也可以預防學到錯誤知識。」

不愛上課的小威聽了普老師的話之後，靈機一動，立刻又想到一個可以不用上課的理由，他接著說：「反正不管有沒有學思考都會想錯，那就不用學思考了啊！我們提早下課去玩好了！」

普老師又搖搖頭說：「學習思考的最主要價值就在於能夠減少這種錯了都不知道的情況發生。思考力越強，這種事情發生的機會越小。這就是學習思考和學習講道理的用處。」

普老師看著大家，好像每個人都認同了，高興地接著說：「最會思考的人，比較容易找出最好的道理。如果有人總是能夠說出最好的道理，就最有說服力，不管做什麼都會很順利了！」

普老師說完後，沒有人再提問題。就連小威好像也被說服了。果然會講道理真是有用。於是他說：「那麼，我們現在就來練習講道理吧！」

普老師說完便把手上一直拿著的布袋放在講桌上，很多同學一開始上課就注意到這個奇怪的布袋，也很好奇裡面裝什麼，只是一直都還沒機會問。正等待著普老師說明時，普老師卻反問大家：「猜猜看裡面裝什麼？」

「這怎麼猜啊！又沒線索。」同學紛紛表達抗議。但普老師要大家自己找線索。

「哈哈，裡面裝大便。」喜歡胡鬧的小威開玩笑亂說。

愛和小威唱反調的小花立刻回應說：「老師是問布袋裡裝什麼，又不是問你腦袋裡裝什麼。」

小花說完，大家都哈哈大笑，紛紛指著小威的頭說裡面有大便。

但普老師沒有笑，還很認真回答小威：「任何事情都是有可能的。所以，的確有可能是大便，但我們要練習講道理，所以不管做什麼主張，都一定要提出理由。究竟有什麼理由可以主張裡面是大便呢？」

看見普老師這麼認真回答，小威不好意思說自己其實是亂說的，加上不知該如何回應同學們說他的腦袋裝大便，只好擺出一副很認真思考的樣子，想了想便說：「這個布袋是老師帶進教室的，可能是老師走到學校的路上發現有狗大便，所以就用樹枝夾起來，放進隨身攜帶的布袋裡。」

「嗯！說的好。」普老師鼓掌，並對著同學們說：「沒說道理之前，大家會覺得這個答案是亂說的，可是有了好的理由支持，就會讓人覺得這也有可能。這就是講道理的好處。越會講道理的人，就越能說服別人，也越能找到最合理的答案。」

同學們聽了覺得很有道理，也開始認真想布袋裡面究竟是什麼。

這時，阿珍突然舉手說：「老師，那不是狗大便，因為沒有聞到臭味。」

小光卻搖搖頭說：「狗大便乾掉就沒臭味了啊！」

「可是狗大便乾掉就不用撿了，因為踩到也沒關係，不會弄髒鞋子。所以老師不會去撿乾掉的狗大便。」阿珍回答。

普老師笑了笑說：「有道理，這個理由很好。因為這麼一說，大家又覺得布袋裡不是大便了。這就表示阿珍的道理比小威的道理更好。所以，學習講道理，並不是只要找一個合理的解答就好，而是要學習如何找到最好的道理。生活中很多問題都沒有完美的道理可講，只能想辦法提昇說服力，這就是講道理最困難的地方。」

「原來如此。」小光領悟了講道理真的很難。想了一想，便說：「老師，我覺得布袋裡是一堆零食。」

普老師笑了笑說：「理由是什麼呢？」

小光回答：「因為老師常帶零食請大家吃，而且布袋裡的東西看起來很多，老師怎麼會去撿這麼多狗大便呢？就算去撿，也不會帶進教室。既然帶進教室了，應該是老師故意帶進來而且會用得著的東西，可是形狀又不像是上課器材，比較像是一堆零食。」

普老師點點頭說：「這樣又更合理了。雖然合理的不一定是正確的，但越合理，越可能正確。」說完就把布袋裡的東西嘩啦啦地倒在桌上，果然是一堆餅乾跟糖果。竟然被小光說中了。大家一聲「哇！」都驚訝地鼓掌叫好。阿珍也說：「這麼難的問題也能猜中，真是太厲害了。」

小光也覺得自己很厲害，非常得意。可是又很不好意思地說：「沒有啦！是因為我有點餓了想吃東西，所以才想裡面會不會剛好就是零食呢？」

小光說完，大家又笑了。「原來是這樣！還真是心想事成啊！」阿珍則看著小光，覺得很不可思議地說：「妳不是剛吃完很多很多早餐嗎？怎麼這麼快又餓了！」小光聽了很難為情地傻笑，表示自己也不知道為什麼這麼會吃。

猜猜看裡面裝什麼？
哈哈，裡面裝大便！
老師不是問你腦袋裡面裝什麼。
任何事情都是有可能的，但不管做什麼主張，都要提出理由。
我覺得布袋裡是一堆零食。
因為老師常帶零食請大家吃，而且老師怎麼會去撿大便呢？
這樣又更合理了。雖然合理的不一定是正確的，但越合理，就越可能正確。

這時，第一個跑上前拿糖果的小威發現零食堆裡有張廣告傳單，「咦！這是什麼？」接著唸出上面的幾個字：「馬戲團表演——」，還沒唸完就被普老師拿回去，並笑著說：「哈哈！原來掉到袋子裡了。」

普老師把廣告傳單收好，放進口袋裡卻什麼也沒說。混亂中，大家也都沒特別注意，都忙著尋找自己喜歡的零食。但阿珍卻覺得很奇怪。因為普老師是最愛護動物的人，怎麼會對虐待動物的馬戲團表演有興趣呢？而且普老師的反應也很奇怪，好像很怕別人看到一樣，她覺得一定有什麼奇怪的內情。

下課回家的路上，阿珍跟小光說：「妳應該要夢到今天上課猜中袋子裡的東西才對啊！感覺這件事情比較重要，而且後來這個課好像變得不無聊了，所以夢還是不準的。」小光想了想便說：「可是一開始真的覺得很無聊啊！這樣不是還是很準嗎？」

阿珍笑了笑說：「這樣就變成對號入座的思考了。妳會去找準的地方來跟夢裡的內容配對，如果妳夢到今天的課很有趣，就會去想今天上課好玩的地方，那不就也很準嗎？這樣想就不管怎樣都很準了！」

小光聽了覺得很有道理，可是又覺得不是這樣。但也說不出個所以然來，只好暫時先不管了。

問題思考與學習

1　如何培養講道理的能力呢？

2　什麼是「心想事成」？

3　為什麼「合理的不一定是正確的」？為什麼要記住這個觀念呢？

4　試著舉舉看其他例子說明「對號入座的思考」。

參考解答請參見178頁

2

尋找真理的哲學家

秋天近了，山上氣候多變，早上起床小光打了一個噴嚏，阿珍要小光趕緊穿好衣服。小光說她打噴嚏不是因為天氣變冷，而是做了一個夢，夢見有個同學很討厭。

阿珍笑了笑說：「原因不一定是這樣。沒聽說過有人做惡夢會打噴嚏的，還是趕緊穿好衣服吧！」小光雖然仍覺得是做討厭的夢所導致的，但還是把衣服穿好。和阿珍一起吃早餐後前往哲學思考教室。

由於最近學校感冒的人越來越多，為了防止感冒病毒繼續擴散，學校規定老師和學生上課時都要戴口罩。但在哲學思考課上卻有一個例外。小威坐在教室裡很得意自己沒戴口罩，還一直嘻嘻哈哈地笑別人戴口罩看起來像蒙面小偷。「嗨！蒙面小偷小花，早安！」、「蒙面小偷小光，妳好！」、「蒙面小偷阿珍，吃飽了沒！」、「哈哈哈……」

小光便偷偷跟阿珍說：「妳看！我的夢好準！」

阿珍笑了笑卻沒說什麼，她心裡想著：「如果這樣也算準的話，那這種夢是一定準的。這也是對號入座的思考，因為每天都一定可以找到某位同學做了不好的事情，然後把它跟夢連起來，這樣就會覺得很準了。」

這時小花生氣地走向小威，罵他是害群之馬。

「為什麼沒戴口罩就是害群之馬呢？」小威這次不但沒生氣，還擺出一副很疑惑的樣子：「咦！怪了，為什麼呢？有什麼道理嗎？普老師說不管做什麼主張，都要講道理，那妳的理由是什麼？沒有理由就是無理取鬧。」

小花還沒養成做主張前都要先想好理由的習慣，沒想到小威這麼快就可以學以致用了，突然被要求講道理，覺得有點緊張，趕快想自己的理由是什麼，以免被罵無理取鬧。想了想，她說：「沒戴口罩就會害別人染上感冒，害了別人就是害群之馬！」

小威一聽就哈哈大笑，原來他早就想過別人會這樣說，老早就準備好要如何反駁這個主張了。一笑完便很得意地說：「因為你們都戴口罩了，所以就算我有感冒也不會傳染給你們！所以我根本就不用戴口罩，也不是害群之馬！」

小花聽了嚇一跳，原本覺得很有道理的話突然就被推翻了，一時不知道該如何反駁，僵在那裡無法回答。小威看見小花說不出話，就更高興地說：「蒙面小偷小花講道理失敗！哈哈哈。」

小光在旁立刻插話說：「可是不戴口罩容易被傳染感冒，這樣也很不好！」

小威聽到也立刻很得意的補充說：「你們都戴口罩就不會傳染給我了，所以根本就不用擔心。蒙面小偷小光也講道理失敗！哈哈哈。」原來小威也早就想好如何回應這個說法，所以越講越得意。

小花和小光都很生氣，很想罵人，可是又找不到小威的推理有什麼問題，只好忍著不說話。

阿珍並不會因為討厭小威這種態度就一定要推翻他的推理。她仔細想了想，覺得這種說法聽起來還滿有道理的，於是說：「對耶！如果只有一個人不戴口罩，好像是沒問題的！這樣就不是害群之馬了！」

聽到最聰明的阿珍也這樣說，小威更得意了，覺得自己想到這招實在太聰明了。

「可是……」阿珍想了想，接著說：「因為戴口罩不舒服，所以如果可以有一個人可以不用戴口罩的話，那只有小威不戴口罩有點不公平。應該要輪流才行。」

「因為是我想到這招，所以我可以不用戴，這樣很公平。」小威想要保持這種只有自己不戴口罩的優勢，趕緊這樣說。

「不對！要輪流才公平。」大家紛紛這麼說。

聽到大家都支持阿珍，小威有點緊張，趕緊說：「那為什麼要輪流才公平？你們要說出道理才行！這才符合講道理的精神。」小威又拿出普老師的話要求別人講道理了。

小花一時想不出要怎麼講道理，便直接說：「不對！為什麼因為你想到這招所以就只有你可以不用戴？你要先講道理才行！」小花也用了普老師的話來反駁小威。

小威想了想，想不到自己可以不用講道理的理由，只好接受小花的挑戰。他說：「因為我最先想到這招，所以我最聰明，所以我可以不用戴口罩。」

小光聽了立刻反駁說：「如果最聰明的人可以不用戴口罩，那珍姐最聰明，所以是她不用戴口罩，又不是你。」

「對呀！對呀！」同學紛紛贊成小光的推理。

因為阿珍是公認班上最聰明的學生，小威一時之間也不知該怎麼反駁，便很後悔說了剛才的道理，說了反而給自己找麻煩，還不如不說。如果沒先想清楚就講了一個不好的道理，真是比不講還糟糕。「那該怎麼辦呢？」小威想著想著，覺得要趕快再說別的道理來掩飾剛剛講錯話。可是又想不出好道理，只好反問：「為什麼只有我講道理，你們也要講道理才可以說明，為什麼要輪流才公平？」

阿珍想了想便說：「切生日蛋糕時，要平均分配大小塊，每個人都有份，這樣才公平，值日生也是要輪流做，所以大家輪流不戴口罩才是公平的。如果第一個發現蛋糕的人就吃完所有蛋糕，或是有人發現少一個人打掃環境對環境清潔沒有影響就可以不用打掃，也都是不公平的。」

阿珍說完，大家都鼓掌，覺得阿珍真會講道理。小威也一時想不出道理反駁。

就在這時，上課鐘響了，普老師正好走了進來。小威就請普老師評評理。普老師說大家很會學以致用，都越來越會講道理了。只要大家都習慣講道理，就可以減少紛爭。但是，除了會講道理之外，知識其實也很重要。正確的知識加上好的推理才能得出正確的結論。

普老師接著說：「關於戴口罩的問題，大家都有一個錯誤知識，就是誤以為戴口罩就沒有傳染與被傳染的風險。其實這是錯的。就算兩個人都戴口罩，還是有可能互相傳染感冒，只不過傳染的風險降低了。所以，如果有人不戴口罩，就算只有一個人，這個不戴口罩的人傳染和被傳染的風險都會提高。為了讓傳染機會降到最低，所有人都要戴口罩。這樣就沒有誰可以不用戴口罩的問題了！」

「原來如此。」小光點點頭說：「如果知識錯了，那再會推理也沒用，所以擁有正確的知識和講道理的能力是一樣重要的。」

「沒錯！沒錯！」普老師很滿意的點頭微笑，然後又接著說：「就像古時候的人以為瘟疫是山神發怒造成的，所以瘟疫發生時都在思考如何讓山神息怒。如果一開始就弄錯方向，那再怎麼會思考也沒有用。」

學校規定
上課時要戴口罩
我就是不戴，怎麼樣？咬我啊！
害群之馬！
為什麼沒戴口罩就是害群之馬呢？妳的理由是什麼？
沒戴口罩就會害別人染上感冒！
因為你們都戴口罩了，所以我有感冒也不會傳染給別人！蒙面小偷小花講道理失敗！哈哈哈！
除了講道理之外，知識也很重要。正確的知識再加上好的推理才能得出正確的結論。
有人不戴口罩，傳染風險就會提高。為了讓傳染機會降到最低，所有人都要戴口罩。
如果知識是錯誤的，那再會推理也沒用。

說到這裡，普老師停頓了一下，看著班上同學都聚精會神，一副很有興趣的樣子。於是接著說：「可是要確定知識一定正確，有時候是很難的，就像有人想要尋找真理，但他又要如何找到真理呢？」

普老師突然覺得這個討論主題很好，便說，「那我們今天就試著來尋找真理吧！」大家聽了都很興奮，覺得這是一件很了不起的事情。但稍微想想，就立刻觸礁了。因為這聽起來雖然很酷，但根本不知該如何尋找。

小威很快就提出疑問：「什麼才算是真理啊？」

小花終於找到機會和小威唱反調：「真理就是永遠不變的道理啊！這麼簡單都不知道！」

「問得好，也答得很好。」普老師說完接著問：「但我們要如何尋找永遠不變的道理呢？」

「因為是正確的，所以不會改變。」阿珍說。

普老師點點頭又繼續問：「可是要怎麼樣確定一件事情一定正確呢？」

「只要是不會錯的！就是一定正確的。」小光很快的回答。

小光說完，大家都笑了。因為這感覺就像在說廢話嘛！可是普老師卻張大口，很驚訝地鼓掌說：「哇！太厲害了！差一步就到哲學家的境界了。」

小光聽了又高興又得意。但同學們都覺得很奇怪，紛紛舉手發問。普老師知道大家要問什麼，所以直接解釋說：「要主張一件事情正確，要有依據，但必須先說這個依據是正確的才行。但要說這個依據正確又要有其他依據，就又要先說那個依據是正確的，這樣會沒完沒了，永遠無法找到真理。可是從反面來看，如果可以主張一件事情一定不會錯，就可以證明這件事一定是正確的了。所以這裡改變思考的角度很重要，如此才有可能找到真理。可是這樣還沒完，下一個問題是，要怎樣才能判斷一件事情一定不會錯呢？」

大家想著，想著，都沒有頭緒。

普老師提示：「聽到一個新聞的時候，如果想知道這個新聞是不是假新聞，要如何思考呢？」

「看到訊息要先試著懷疑！想想看有沒有可疑的地方，不要立刻相信。」阿珍記得之前上課時普老師有教過這種懷疑精神。

普老師聽了便一副很高興的樣子。因為學生有認真上課，記得老師說過的話，老師就會很有成就感。如果教完都忘光光，老師就會覺得心血都白費了，就好像剛掃完地，地上又掉滿樹葉一樣。所以，普老師高興地鼓掌說：「沒錯，要先懷疑。也就是說，任何事情只要可以被懷疑，就有可能錯，但如果一件事情無法被懷疑，那就一定是真理了。」

小威聽了搖頭說：「可是什麼事情都可以懷疑啊！只要想懷疑就可以懷疑。我還可以懷疑普老師是外星人，哈哈。」

「我也可以懷疑小威是NPC◆。」小花說完也學小威哈哈大笑。

「我也可以懷疑小花是流浪動物。」小威不甘示弱地邊笑邊說。

突然間，整個教室大家都在玩「我也可以懷疑……」的遊戲。

過了一會，普老師才開口：「沒錯，你們剛剛說的，確實都可以懷疑，可是，有沒有什麼是不可以懷疑的呢？」普老師一說完，大家就開始唧唧喳喳地討論。但最後還是沒人能想出來。

最後，普老師並沒有公布答案。他說：「這是一個很有趣的問題，值得慢慢想。幾天、幾個月，甚至幾年都沒關係。思考是很好玩的。就算沒有想出好的答案，也可能可以想出其他想法。以後有誰想到隨時都可以提出來。」

同學們雖然沒聽到答案有點失望，但既然普老師這麼說，就都期待自己可以想出好玩的解答。

◆在電腦遊戲裡虛擬的、沒有生命的非玩家角色。

問題思考與學習

1 什麼是「害群之馬」？為什麼不要做害群之馬？

2 什麼是「無理取鬧」？為什麼不應該無理取鬧？

3 什麼是「學以致用」？學以致用有什麼好處？

4 我們可不可以懷疑從書本上學到的知識呢？

參考解答請參見181頁

3

可怕的比賽當作冒險遊戲

在某一天的哲學思考課上，同學們想了很多問題覺得好累。普老師便提議玩遊戲運動一下，這樣有助於恢復腦力。於是他說：「我們來比賽誰可以用一隻腳站最久？贏的人有獎品，輸的人沒有處罰。誰要參加呢？」

「贏的有獎品，輸的沒處罰！這不是穩賺不賠嗎？」想到這裡，突然間，全班同學都踴躍舉手說要參加比賽。一開始，所有人都金雞獨立站得很好，都很有信心，但幾分鐘後便一個一個東倒西歪，哈哈大笑，玩得很開心。最後，又是小光獲勝了。小威第二名。當小威撐到最後站不穩，搖搖晃晃快跌倒時，很酸地大喊：「贏的人是獨腳仙！」但小光並沒有受到影響，還是贏得了比賽。比賽完，小花批評小威沒有運動家精神。

普老師說：「是的，輸的人雖然心裡很不舒服，但要學習運動家精神，不要罵人，要接受失敗。」說完從袋子裡拿出一包準備好的禮物給小光。大家都好羨慕，很想知道裡面是什麼東西。當小光高興地正要打開時，普老師卻說：

「現在先不要開，等下課後再開。」原來裡面是一款新的桌上遊戲，普老師怕小光開了後大家就都想玩桌遊無心上課了。因為，普老師還打算要討論一個有趣的問題。

頒完獎品，普老師接著說：「下個月有個演講比賽，贏的人有獎品，輸的人沒有處罰。誰要參加呢？」

說完後卻一片靜悄悄的，大家你看我，我看你，沒人要參加。

普老師早就料到會有這種情況，還故意露出疑惑的表情說：「奇怪了，怎麼會這樣呢？金雞獨立比賽和演講比賽都是有獎品沒處罰，條件都一樣，為什麼反應差這麼多？」

大家又你看我，我看你，覺得有點奇怪，剛剛聽到「贏的有獎品，輸的沒處罰」就覺得賺到了，這麼好康的事情一定要參加。但為什麼碰到條件一樣的演講比賽就不想參加了呢？

小威首先說：「因為演講比賽很可怕！」

阿珍也說：「因為演講比賽輸了很丟臉。」

小光接著說：「因為演講比賽很難！」

小花說：「因為演講比賽要面對很多人。」

普老師聽了點點頭說：「原來如此！」但接著又問：「金雞獨立比賽也不容易，而且也要面對很多人！為什麼不可怕？輸了不丟臉呢？」

大家又你看我，我看你，也都覺得很奇怪。「對啊！為什麼會這樣呢？」

阿珍想了想舉手說：「是不是因為演講比賽感覺很正式，好像要很厲害才能參加，所以如果不厲害就會很丟臉？」

普老師鼓掌說阿珍分析地很好，又問：「會丟臉是因為覺得表現不好會被別人看不起嗎？」

阿珍想了想，覺得是這樣沒錯。同學們也覺得是這樣。小光說：「對啊！

因為參加金雞獨立比賽就算是最後一名也不會怎麼樣。所以不會擔心，好玩就好了。」

普老師說小光也說的很好。小光聽了覺得很高興。但普老師又問：「如果有人演講比賽表現不好，你們誰會看不起他呢？」

大家又被問倒了，你看我，我看你，都覺得參加比賽就已經很有勇氣、很厲害了，就算表現不好也不會看不起，最多聽到參賽人講錯話時會偷笑一下，但笑完就忘記了。所以每個人都默默地搖頭。

普老師笑說：「既然你們都不會看不起演講比賽表現不好的人，為什麼會擔心自己表現不好被別人看不起呢？」

「對啊！好奇怪喔！為什麼會這樣呢？」小光疑惑地說：「如果把演講比賽當冒險遊戲來玩，是不是就跟金雞獨立比賽一樣有趣了呢？」

普老師微笑點頭說：「是不是呢？」

普老師接著說：「其實就像參加演講比賽一樣，很多嘗試都是穩賺不賠的，不僅贏了有獎品，輸了也可以學到很棒的生活經驗，不僅沒有處罰還很有收穫。像這類的事情不去做就太可惜了。但很多人缺乏勇氣而選擇逃避。只要仔細想一想，這些事情感覺很可怕但並沒有壞處，也沒有任何危險，所以可怕只是錯覺。」

「但有些事情可能真的有壞處，像是跟不認識的網友出去玩。」阿珍想到最近看到有人去找網友結果被關起來的新聞。

普老師聽了很高興的點點頭說：「沒錯！有些事情是真的有危險，這種可怕的事要特別注意。忽略了真正的危險，反而會帶來禍害。而且，有時候不覺得這種危險的事情可怕，反而更危險。」

小花聽了突然覺得很害怕，因為她之前就有跟網友見面，但還好沒遇到壞人。於是小花問：「那要怎麼區分有危險的可怕和沒有危險的可怕呢？」

普老師回答：「其實不難，如果贏了有好處，輸了沒壞處，就是沒有危險的可怕。去見不認識的網友，如果贏了，就可以交到朋友，算是贏了有好處，可是萬一遇到壞人，就是輸了，那輸了就會有壞處了。這類事情就必須非常小心才行，而且為了預防自己想錯了，還要多問問思考能力比較強的人比較保險。」

同學聽了都很贊成，以後要多嘗試那些感覺很可怕但實際上沒有壞處的事情，像是如果有機會參加比賽，一定要好好把握機會，不管輸贏都有收穫。但對於可能有壞處的事情，不管可怕或不可怕，都要小心為妙。

問題思考與學習

1 想一想為什麼金雞獨立比賽很好玩，演講比賽卻很可怕？下面哪個（或哪些）解答比較合理？除了這些解答，還有沒有其他更好的解答？

A 因為演講比賽的對手比較厲害。

B 因為我們對演講比賽有錯誤的知識，誤以為講不好會被看不起。

C 因為演講比賽有很多人在看。

D 因為演講比賽不是玩遊戲。

2 參加比賽時都會很緊張，害怕表現不好，為什麼會這樣呢？而且越是緊張，反而表現越差，該怎麼辦才好？

參考解答請參見184頁

4

運動家精神很虛偽？

昨天小威玩遊戲輸了，就生氣罵小光是「獨腳仙」，結果被同學批評「沒有運動家精神」。

下課後小威越想越不對勁，覺得這種「運動家精神」很奇怪，因為這樣很假啊！人不是應該說實話嗎？他想起普老師有說過：「不說謊是很重要的一種習慣，養成這種習慣，就會產生一種可以受人信賴的氣質。說謊話被發現後不僅很丟臉，還會喪失別人的信賴，很不值得。」

所以，隔天上課時，小威便提出質疑：「比賽輸了很生氣會想罵人，罵完心裡才會開心。為什麼還要假裝輸了很高興呢？這樣不是很虛偽嗎？要做誠實的人就不要假裝很有運動家精神。」

同學們聽了都覺得小威無理取鬧，因為輸了罵人就是沒風度啊！但普老師卻點點頭說：「沒錯！這是一個很重要的問題！太假了確實很不好。那麼，我們今天來思考這個問題吧！」

阿珍聽了很不以為然，便說：「有時就是應該要說謊啊！就像聽到有人唱歌很難聽，不可以直接說人唱歌難聽，要說唱得還可以才對！這是做人的基本道理。」

阿珍說話的時候，小花偷偷指著小威，看到的同學都在偷笑。小威發現後說：「我哪有唱歌很難聽！」小花回答：「對啊！你唱得還可以！」聽到的同學笑得更大聲了。阿珍也說：「看吧！這樣講的確比較不傷人啊！」

普老師也微笑並且說：「嗯！有道理！」

聽到普老師這麼說，大家都紛紛提出意見：「不行啊！小威和阿珍說的剛好相反，不可能都是對的啊！」尤其小光把意見表達得最清楚：「生氣罵人很誠實，可是這樣沒有運動家精神；有運動家精神就會變得很虛偽。所以，誠實和運動家精神是互相矛盾的。那到底哪一個才是正確的呢？」

普老師卻很驚訝的說：「哇！小光分析得很有道理啊！」

比賽輸了很生氣，為什麼還要假裝很高興呢？
沒錯！這是一個很重要的問題！
有時就是應該要說謊啊！就像不可以直接說人唱歌難聽，要說唱得還可以才對！
嘻嘻
我哪有唱歌很難聽！
對啊！你唱得還可以！
哈哈
誠實和運動家精神是互相矛盾的
那到底哪一個才是正確的呢？

小光聽到自己被讚美非常高興，可是這樣一來同學都一頭霧水了。「天啊！這是怎麼回事！」同學們嘰嘰喳喳說個不停，都在討論「如果大家都對，那究竟是誰錯呢？」

普老師揮揮雙手，請大家稍安勿躁。他說：「這就像是吃冰淇淋一樣，到底吃冰淇淋應該快快吃，還是慢慢吃呢？」

「要慢慢吃，這樣才能吃很久，才不會覺得怎麼一下子就沒了。」小光立刻回答，因為她每次都吃很快，吃完後看見別人還在吃就很羨慕。

可是平常都吃很慢的小花卻說：「要吃快一點，不然冰淇淋融化就不好吃了，而且還會黏到手上。」

普老師鼓掌說兩人都說得很好，也都正確。接著說：「吃快和吃慢是互相矛盾的，可是都很有道理，大家想想看，為什麼會這樣呢？」

聰明的阿珍領悟力最高，她想了想說：「因為要看情況。有時要快、有時要慢。如果太陽很大時，就要吃快一點，不然就可以慢慢品味。」

「如果趕時間也要吃快一點。」小花補充。

「如果不怕黏手，也可以吃慢一點。」小光還是覺得可以吃久一點比較好。

聽到小光這樣說，阿珍也覺得有道理，又再說：「還是要看個人喜好才行。」

小威發現這個想法剛好可以用在自己的主張上，趁機接著說：「對呀！要看個人喜好。我個人不喜歡運動家精神，就不用遵守了！」

喜歡跟小威作對的小花立刻回答：「你不喜歡也沒用，因為如果你沒有運動家精神，就會被別人討厭。」

小威不甘示弱：「我不擔心被別人討厭，所以沒關係。」

「你明明很在意，不然就不會提出來討論了。」

「哪有！我一點都不在意。」

普老師哈哈大笑，接著說：「所以呢，很多事情不能只是簡單地依照規則做，而是要考慮更多不同的情況，隨時調整到最佳的處事方式。這是很困難的人生智慧。思考越多，就能做得越好。就像平時說謊不好，但是不是有些時候說謊沒關係，甚至很好呢？就像輸了比賽時雖然心裡很生氣，但假裝不生氣，甚至還去恭喜別人，這種運動家精神雖然好像不太誠實，但是不是比誠實表達自己的情緒還要更好呢？」

「原來誠實並非一定就是好事啊！」小光有所領悟地說。

普老師接著說：「沒錯！並沒有『怎樣就一定是好事』這種簡單的規則。所有規則都會有例外的時候，所以光是依據規則處事其實是膚淺的做法。」

普老師又想了想，補充說：「不過，誠實真的很重要，不是覺得可以說謊就說謊，而是如果可以不說謊就盡可能不說謊，畢竟信用是很重要的。」

「那除了誠實和運動家精神之外，是不是還有其他例子呢？」阿珍有舉一反三的精神，所以想知道還有沒有其他規則也是需要多思考的。

普老師很高興地說：「舉一反三是很重要的學習精神，大家都要學習。」接著說，「舉例來講，守時很重要，跟人有約時，要準時到達，不要遲到。這樣不只能夠避免讓人等待，也是尊重對方的態度。可是，如果不巧剛好被很重要的事情耽擱，而必須在街上騎快車才能避免遲到時，就應該以安全為重，不要冒險騎快車，不然容易導致更糟的後果。這時安全就比守時還重要。」

阿珍點點頭，很高興地說：「原來如此。那就是要多方考慮之後找出最好的處事方式，而不是依據簡單的規則思考就可以了。」

普老師鼓掌說：「對！每個事件背後都有不同的考慮因素，我們需要考慮各種情況，然後找出最合理以及最好的解答。這也就是為什麼養成講道理的習慣，以及培養講道理的能力這麼重要了。」

問題思考與學習

1 比賽輸了是不是要假裝很高興才算有運動家精神呢？

2 想想看有沒有什麼時候說謊反而是好事？

3 學生放學後應該要把作業寫完，想想看在什麼情況下沒寫作業反而是好事？

參考解答請參見186頁

5

爸爸就像大山一樣

每年十月，學校舉辦一年一度的越野賽跑。同學們必須克服高度落差很大的坡道，非常辛苦。但因為困難，所以很有挑戰性，也很令人期待。「究竟今年能不能跑完全程呢？」、「今年誰會贏得勝利呢？」這些是每年大家都會想的問題。由於小光轉到這所學校還不滿一年，所以是第一次參加比賽。同學們都在想小光會不會得到第一。

很期待比賽的小光早上醒來後一副非常迷惘的神情。阿珍問她是不是做了什麼奇怪的夢，小光說：「我夢到會發生一件很重大的事件。」

「會不會是妳今天會跑第一呢？」阿珍高興地問。

小光卻搖搖頭說：「不是的，好像是一件不該發生的事情，而且有人會為這個事件後悔道歉。可是又不知道會發生什麼事情。」

阿珍其實並沒有把小光的預知夢放在心上，但希望不要讓夢影響小光的比賽，所以便安慰她說：「沒關係！反正只是道歉而已，沒什麼大不了的。」

小光點點頭，就沒多想了。

一聲槍響，比賽開始，小光很快衝了出去，沒多久便超過了領先群，一枝獨秀。如果能持續下去，很有奪冠的希望。但才彎過第一個彎道，她就看到遠方有一隻穿山甲，一跛一跛地走進樹林裡。

「受傷了嗎？」小光一邊跑一邊想，最後覺得幫忙穿山甲比較重要，索性就沒在管越野賽跑了。她脫離了原本的路線，進入樹林裡，東張西望，卻沒看到穿山甲，只好沿著山中小路往前走，四處尋找。

普老師跑在後面沒看見穿山甲，只看見小光不知為何跑進森林裡，有點擔心，便跟了過去。後面幾位同學看見普老師跑進森林裡，覺得很好奇，也跟著跑進去。尤其阿珍突然想到小光的夢，擔心會發生什麼事情，更是加快腳步追了上去。其他人則只是注意到有人脫隊，看了一眼後，仍舊繼續往前跑。

小光一路都沒找到那隻穿山甲，走著走著，不知不覺穿出森林。突然間，眼前視野無限延伸，飛向遠方高山深谷，心也跟著開闊起來。

「大山靜靜躺在那邊，好像什麼也沒做，但它儲存雨水，滋養萬物，讓生物擁有安心依賴的地方。」普老師跟在小光後面走出森林，看見大山，便說出這段話。

小光聽到聲音一回頭，發現大家都跑來了，便得意的說：「我是第一個發現這裡的。」

普老師微笑點點頭，接著說：「你們覺得大山是不是跟什麼很像呢？」

站在旁邊的阿珍聽到普老師剛說的話後很快回答：「像房子。」說完，發現普老師看著她沒說話，像是在等待她再多說什麼。阿珍反應很快，突然想到應該要講道理才對，所以趕快補充：「因為房子提供安心居住的地方。」

說完，普老師便很滿意的點點頭說：「學得很快！已經慢慢養成講道理的習慣了。」

碰！
一年一度越野賽跑
有穿山甲受傷了嗎？
咦？沒看到穿山甲？
哇！
大山靜靜躺在那邊，好像什麼也沒做，但它儲存雨水，滋養萬物
讓生物擁有安心依賴的地方。

小花也跟著說：「大山像書本一樣。」還沒等普老師暗示就趕緊說出她的道理：「因為讀書可以讓人安心，也可以獲得成長的養分。」

普老師鼓掌稱讚大家都越來越會講道理了，但提示有更好的答案，可以再想想。

聽見阿珍和小花被稱讚，小光也想說出一些道理，可是怎麼想都想不到，只好放棄了。

一群人邊聊邊走回去，然後繼續未完成的比賽行程。當然，耽擱了這麼久，不可能獲得好的名次，若想得第一，只好明年再試試看了。對阿珍來說，原本擔心到山裡會發生什麼大事件，後來大家都平安從山裡走回來，就感到很滿意了。

越野賽結束後，小光和阿珍一起去商店街買冰淇淋。排隊時，前面有對遊客夫妻在吵架。因為太太買冰淇淋時要丈夫抱一下小嬰兒，丈夫抱不好把小孩弄哭了，太太趕緊把小孩抱回去，順手將買好的冰淇淋交給他，但丈夫又不小心把冰淇淋弄掉在地上。太太很生氣，一直罵他是豬隊友。

小光想起小時候媽媽也常罵爸爸是豬隊友，說他什麼都不會，什麼都做不好，也不關心家裡，還很少幫忙帶小孩。可是，小光最喜歡窩在爸爸身邊，感覺很安心。這時她突然想到，動物們喜歡窩在山裡面，就像她喜歡和爸爸窩在一起一樣。爸爸看起來什麼都沒做，可是默默付出，讓家人溫飽；雖然很多事情做不好，但有顆包容家人的心，讓每個人都能夠安心成長。

「對了！大山就像爸爸一樣。」小光突然脫口而出，並向阿珍說出她的道理。阿珍覺得這個答案很好。那對夫妻在旁聽了也覺得很有說服力，丈夫一副很得意的樣子，用眼神向小光道謝。太太聽完也不生氣了，兩人又買了冰淇淋才離開。小光突然覺得講道理真的很厲害，還可以讓人停止爭吵。雖然有了體悟的快樂，但心中不知為何還充滿著一種憂愁的感覺。

遠遠看著他們互相扶持離去的背影，小光發覺為什麼心中覺得不快樂了。那是因為她想起了自己的父母，很久沒見到他們了。她想著，如果早點學會講道理，她的爸媽是不是就不會離婚了呢？

傍晚，回到學校，又看見了那隻一跛一跛的穿山甲。小光趕緊跑過去，發現原來不知道誰做了多餘的事情，幫牠穿上了鞋子才無法好好走路。趕緊幫牠把鞋子取下來，讓牠無拘無束地回到大山身邊——那個無論刮風下雨，都可以安心依賴的地方。

回到宿舍，小光跟阿珍說，今天夢裡的大事件就是穿山甲被人惡作劇穿上鞋子，然後惡作劇的人要後悔道歉。阿珍聽了笑了笑說：「這樣會不會太牽強了？」小光想了想也覺得好像有點牽強，於是說：「那大事件應該還沒發生吧！可能是以後才會發生的事情。」　阿珍又說：「那這樣又變成對號入座的思考囉！」

問題思考與學習

1　想想看你的爸爸是不是豬隊友呢？如果是的話該怎麼辦？如果不是的話，是怎麼學會成為好隊友的？

2　在學校組隊時，萬一真的遇到豬隊友，該怎麼辦？

參考解答請參見187頁

6

幸福祕訣的傳說故事

同學佳佳最近常常愁眉苦臉，早上到了教室，才剛坐下不久，就開始唉聲嘆氣，說自己沒有媽媽真可憐，因為她的媽媽前一陣子過世了。

小花走過去安慰她：「妳有很多愛妳的朋友啊！這樣很幸福！」小威也跟著說：「對啊！妳看小光不但沒有媽媽陪在身邊，連爸爸也沒有，比妳還可憐！」小威這樣說是因為小光的爸媽離婚後又各自結了婚，有了新的家庭，便把她託給外婆照顧。

這時，小光剛好走進教室，發現原來同學都在背後說她「很可憐」，心裡有點不高興，使得教室氣氛有點尷尬。

幸好這時上課鐘響了，普老師迅速走了進來，很有精神的大聲說：「上課囉！今天跟大家說一個故事！」

大家趕快回到座位上坐好，暫時忘記了剛剛的尷尬。

「我有一個朋友的朋友在大武山登山迷路時，發現了一個與世隔絕的部落，他在那裡聽到一個很有趣的故事。」普老師開始說故事了。

「哈，什麼朋友的朋友，感覺就像是騙人的。」小威笑了一聲。

但同學們正認真聽故事，用手勢叫他閉嘴。普老師則笑了笑，沒有回答究竟是不是騙人的。他接著說：

有一天，部落酋長下山閒逛，在路邊聞到以前沒聞過的食物香味，很興奮地跑過去，才知道食物的名字叫做「臭豆腐」。他吃了一盤，很滿意地說：「這是全世界最好吃的東西。」於是，他外帶三份回去給部落廚師吃，希望他們也可以做出這種美味。

第一個廚師吃了說：「這個醬料太鹹了。」

第二個廚師吃了說：「這個配菜太酸了。」

第三個廚師吃了說：「這個豆腐太臭了。」

酋長聽了很生氣，便大聲斥責：「這麼好吃的食物，如果你們做不出來，我也不怪你們，可是卻故意挑剔說它不好吃，這種欺騙的行為真是不應該。」說完，就叫人把廚師們都抓起來，按照部落法規，說謊要關十年。

廚師的家人們趕快去找祭司求助，因為祭司是部落裡最有智慧的人，可以化解各種難題。

祭司聽完陳情，想了想，便去找酋長。首先，他問酋長：「你覺得部落裡誰最美？」

「當然是我的大女兒芭蒂姆瑪啊！」酋長很得意地說。

「可是去年你說二女兒帕蒂工瑪最美麗。」祭司說。

「那是因為……因為……」酋長一時答不出來。

祭司接著說：「是現在的你說謊、還是去年的你說謊呢？現在說謊要關十年，去年說謊也還差九年，所以你也應該被關起來才對。」

酋長趕快解釋：「我沒說謊！是感覺變了。」

祭司微笑說：「既然自己的感覺會改變，不同人的感覺當然也會不一樣。」

酋長聽了恍然大悟：「啊！所以真的有人不喜歡吃臭豆腐嗎？」

祭司笑說：「當然啦！而且還有人不喜歡當酋長呢！」

酋長哈哈大笑，搖搖頭，不相信有人會不想當酋長。但他還是把廚師們都放了出來。

故事說完，同學覺得很有趣，都說：「對啊！每個人感覺不一樣。」

普老師接著說：「這其實是一個很重要的人生智慧。不僅東西好不好吃沒有一定的標準，怎樣的處境算可憐，也沒有一定的標準。」

說到這裡，大家才發現，原來普老師有聽到剛剛教室裡的對話，而且還隨機編了一個好玩的故事，真是太厲害了。

小光也立刻領悟了普老師的故事，她說：「因為我很快樂，所以不可憐。」

佳佳聽了也點頭說：「原來可不可憐也和臭豆腐好不好吃一樣，沒有一定的標準，只要努力把自己的生活過好，就不是可憐的人了！」

大家聽了都覺得佳佳說得很好，一起鼓掌贊成。普老師也比出讚的手勢。得到這麼多掌聲，佳佳突然覺得很有成就感，感覺自己一點都不可憐了。

聰明的阿珍在旁卻有了不同的領悟，她發現，其實普老師也是在講道理，而且這種用故事講道理的方法好像更有效。原來講道理不一定只能直接講，有時透過故事來說，效果反而更好。尤其有些人不愛聽人講道理，這時就可以用別種方式來說。阿珍很高興自己又學到很棒的東西，又繼續思考：那麼，除了故事之外，不知道是不是還有其他講道理的方法？

問題思考與學習

1 小光聽到小威說她很可憐，便認為「原來大家都覺得她很可憐」，這樣的推理有沒有問題呢？

2 廚師覺得臭豆腐不好吃，酋長認為他們是因為做不出來故意說謊。這樣的推理有何問題呢？

3 為什麼有人不愛聽別人講道理？除了直接說和透過故事之外，還有哪些講道理的方法呢？

參考解答請參見189頁

7

教室裡有一頭大象

某個秋高氣爽的早晨，教室外面很多藍鵲嘰嘰喳喳一直叫。在哲學思考課上，同學們也和藍鵲一樣討論得很熱烈。但小光沒認真聽，不知大家在討論什麼，因為她發現教室裡有一頭大象。

「奇怪了！大象什麼時候進來的，為什麼之前都沒有發現呢？」小光想著。但疑惑的同時卻有一種很熟悉的感覺，好像這隻大象一直都在裡面，只是之前都沒注意到，真是奇怪的感覺。

但是，好像只有她發現大象，因為老師繼續講課，同學也一起討論問題，大家似乎都沒看見。「難道是幻覺嗎？」小光有點擔心起來。

「珍姐！教室裡有一頭大象。」小光小聲地跟坐在旁邊的阿珍說。因為擔心被同學聽到會笑她胡思亂想。

「我知道啊！」阿珍回答。但一點也沒有很奇怪的感覺，繼續目不轉睛地聽著普老師上課，還舉手發言。

「我知道啊！」坐在附近的小花和小威聽到後也都這樣說。好像這是一件很普通的事情一樣。小光滿頭霧水，既然都有看見，為什麼反應這麼冷淡？真是奇怪。想著想著，下課鐘聲響了起來。這時，大象低下頭跟她說話：「快起來！快起來！要上課了。」

「是要下課才對吧！等等！為什麼大象會說話？」小光在驚訝中突然醒了過來，才知道原來是夢。正在叫她的是阿珍，不是大象。剛起床迷迷糊糊，把阿珍看成一頭大象，隨之就笑了起來。

阿珍看見小光一醒過來就笑，覺得很詭異，所以一臉狐疑的表情。小光就把夢告訴阿珍。

阿珍覺得這個夢很好玩，想了一下，便跟小光說：「這個夢其實是很有深意的。這叫做『視而不見』或是『察而不覺』。有時雖然有看到，但並沒有真的覺察到。這是一種很特別的心理現象。就像每個人都習慣從自己的角度看事情，但都沒有察覺自己有這種習慣，有時還會批評別人以自我為中心。好比家人一起吃飯時，都只用自己的感覺來判斷東西好不好吃，忘了也要考慮別人的感覺。跟別人相處時也是一樣，只想到別人對待自己好不好，忘了也要好好去想自己對待別人時，別人的感覺怎麼樣。」

小光聽了想了想，點點頭說：「對啊！之前跟外婆一起吃飯的時候，我都說太淡了不好吃，沒有去想外婆身體不好不能吃太鹹的東西。」

阿珍鼓掌說小光很快就懂了，又說：「沒錯！人都有很多缺點，但對某些缺點常常都視而不見，就不會好好思考要怎麼改變。」

小光點點頭，接著說：「會不會教室裡真的有一頭大象呢？說不定這就是上次夢到的大事件。」

「哈哈，怎麼可能。」阿珍一說完就立刻發現自己做出了錯誤推理。因為根據之前普老師教過的推理祕訣「任何事情都是有可能的」，所以不能因為有些事情聽起來很離譜，就立刻否定它。於是她思考了一下才問：「在妳的夢裡面，教室是和我們平常上課一樣的教室嗎？」

「對呀！」小光回答。

「有沒有牆壁破掉，或換了一個大門呢？」阿珍又問。

小光很篤定地說：「沒有！」

阿珍鬆了口氣，得出結論：「那就不可能了啊！想想看，大象要怎麼進去呢？」

「對耶！」小光想了想又說：「如果有縮小燈就可以了。」

「那只是漫畫。實際上沒有這種東西啦！」阿珍回答。

吃完早餐後，兩人一邊走一邊繼續討論視而不見的例子，到了可以遠遠看見教室時，發現同學們都聚集在教室外面嘰嘰喳喳，好像在議論著什麼事情。走近一看，「哇！教室裡真的有一頭大象！」小光興奮喊著，「耶！珍姐妳看！

跟我夢到的一樣！」

「這怎麼可能呢？大象到底是從哪裡來的啊？」阿珍感到疑惑，又到處察看了一下，確定牆壁和門都沒損壞，便說：「大象是怎麼進去的？」

其他同學聽了才開始覺得奇怪，原本只覺得大象在教室裡很奇怪，都沒想過牠是怎麼進去的。所以開始討論大象怎麼進去。但每個人都只想到縮小燈。

「不對！合理的不一定是正確的。雖然這頭大象看起來像是真的，但不一定就是真的。說不定是氣球做的，拿到教室裡後才打氣膨脹。」阿珍第一個做出了合理的推理。

同學一聽覺得很有道理，紛紛說：「原來是這樣啊！」

這時，小光立刻跑進去摸大象，看是不是氣球做的。大家看到小光跑進去都嚇一大跳，因為之前都沒人敢進去。

「危險！別進去！」阿珍趕緊喊了一聲，還伸手想把小光拉住，但小光動作太突然，一溜煙便跑到大象旁邊了。

小光回頭笑了笑說：「氣球不危險啊！」

阿珍趕緊解釋：「合理的不一定是正確的，雖然氣球的推理很合理，但不一定正確，不能立刻當作解答，還要再多觀察，尋找更合理的解答。萬一是真的大象會很危險。」

就在阿珍解說時，小光已經伸手摸到大象了。她接著說：「這隻大象是真的耶！不是氣球做的，而且很乖，不危險。」

大象低下頭看著小光，發出微弱的聲音，好像是在表達友好。

阿珍更加心急了，要小光趕緊出來，並苦口婆心地勸小光要等普老師來。

小光抬頭看大象，大象也低頭看著小光。小光對大象笑了笑後慢慢走出去，覺得大象身體很堅實、很溫暖，還很好摸，一點也不可怕，覺得阿珍大驚小怪。

過了一會，上課鐘響了，普老師才慢慢走了過來，還一邊打著哈欠。跟之前一邊打鐘一邊很有朝氣的走進教室不一樣，而且慢了好幾秒，算是有點遲到了。他看見大家都在教室外面，就邊走邊跟同學說：「怎麼不進教室呢？」走到門口，突然一副嚇一跳的樣子說：「哇！怎麼會有大象？」

「原來普老師也不知道啊！」阿珍想著。阿珍覺得普老師的舉動有什麼不太對勁的地方，可是又說不上來哪裡怪異。

「既然大象占據了教室，我們就在教室外的走廊上課好了。」普老師接著說。

聽到這裡，阿珍就明確感覺不對勁了，「普老師也太快接受教室裡有大象這種事了吧！難道這是因為哲學家知道任何事情都是有可能的，所以對怪異的事情接受度比較高的關係嗎？還是說普老師早就知道教室裡有大象了呢？」阿珍覺得有很多疑惑，而且最大的問題是：「大象到底是怎麼跑進教室的啊？」

問題思考與學習

1 為什麼「合理的不一定是正確的」？又為什麼要特別注意這個觀念？

2 哲學家真的對怪異的事情接受度比較高嗎？為什麼？如果是的話，是不是表示普老師的可疑舉動沒問題？

參考解答請參見192頁

8

大象怎麼進去教室的？

普老師走進教室把桌椅都搬到外面。大象看起來很信任普老師，很乖，一動也不動。等到桌椅都搬出去了，大象才趴下，看著外面，一副很好奇的樣子。同學們都覺得很有趣，不僅在走廊上課很新鮮好玩，而且感覺好像多了一個大象同學一起上課。

普老師轉頭看看大象，接著說：「我們今天就來思考看看，大象要吃什麼？」

阿珍覺得普老師的反應很奇怪，怎麼不好奇大象從哪裡來，又怎麼進去教室的呢？這些不是應該最先討論嗎？

但最愛吃東西的小光卻沒有這個疑惑，只想著：「果然是最愛護動物的老師，第一個想到大象沒東西吃很可憐。」正想回答普老師的問題時，阿珍就先發言了：「老師，正常不是應該先思考大象從哪裡來的？還有怎麼進教室的嗎？」

「對啊！」普老師拍了拍自己的額頭，看起來像是看見大象受困，一時心急亂了思緒，經過阿珍提醒才回過神來：「真是奇怪啊！大象從哪來的？又是怎麼進去的呢？」

看到普老師的態度，阿珍也在思考：「為什麼普老師沒有先想到大象怎麼進去，反而先想到大象要吃什麼呢？」她猜想：「或許是因為最在乎什麼事情，就最先看到什麼事情！有時甚至只看到最在乎的事情，反而其他事都看不見了。」想到這個解答，阿珍突然領悟了好多道理：「這就是為什麼之前看到學校有一隻流浪貓的時候，有些同學只想到流浪貓很髒，不會想到流浪貓會不會餓。原來對小動物比較有愛心的人和比較缺乏愛心的人，會因為在意的事情不同而看到不一樣的東西。」突然之間可以融會貫通這個道理，阿珍覺得思考能力又進步了，可以多看到很多原本看不清的事情，覺得非常高興。

這時，普老師聳聳肩，笑了笑，恢復了原本的精神，接著說：「好！那大家來想一想，大象是怎麼進去的？」

小光終於等到普老師問這個問題，立刻舉手大聲說：「教室裡有另一個空間入口通往大象世界。」

阿珍在旁微笑，覺得這是小光的標準答案。不過也因為這樣，小光才會常常跑去探險而發現許多新奇的東西。

普老師回答：「確實有可能，可是要找出祕密空間入口可能不太容易喔！因為我們在這間教室上課這麼久了，都沒看過什麼入口，之前也沒看過大象或其他奇怪的東西跑進來。」

小光聽了笑了笑，覺得自己一定可以找到神祕空間入口。不過要怎麼找，她也還沒想法。

小花說：「這是魔法，用魔法互換，把小威和動物園裡的大象互換位置了。」

聽到小花這麼說，小威趕緊出聲：「可是我在這裡又不在動物園。」

「那是因為你從動物園偷跑出來啊！」小花很開心的說，而且還假裝猴子的樣子跑來跑去。同學看了都哈哈大笑。

小威不理會小花，便說：「教室裡一定有暗門。」

小光聽到「暗門」突然覺得這個答案很有道理，很想去找這個暗門，就開始東張西望，但都沒看見任何可疑的地方。

另外還有想像力很好的同學說：「半夜十二點的時候，濃霧會讓教室消失一段時間，剛好這段時間大象走進去後就被卡住了。」

同學嘰嘰喳喳說個沒完沒了，好像變成了想像力大賽一樣。但是，阿珍卻一直都在觀察普老師，感覺普老師沒有用心聽大家的討論，好像對這個問題不感興趣。而且還常常轉頭看著大象，不知道在擔心什麼。所以，阿珍就說了一句話，想測試看看：「大象會不會餓了啊？」

想不到說完這句話，普老師立刻有了反應：「對啊！這頭大象真乖，都不吵，還在旁邊跟著一起上課，我們給大象吃點東西吧！」

「原來普老師真的比較關心這個問題啊！」阿珍心裡想著自己猜到了，覺得很開心。

「可是大象要吃什麼呢？」小光問。

「我知道！大象都吃樹葉。」在動物園看過大象的小威想要炫耀自己的知識。

「就只知道樹葉，大象還會吃水果、嫩竹子還有野菜。」原來小花早就查好資料，邊看手機邊唸。

「大象也要喝水！」小光想起來看過大象喝水的影片。

普老師很滿意地微笑說：「好！那我們去找食物和水給大象吧！說不定牠已經又餓又渴了！」

聽到大象又餓又渴，同學們就一窩蜂地跑去找大象的食物了。

問題思考與學習

1 猜猜看為什麼普老師沒有先想到大象怎麼進去，反而先想到大象要吃什麼呢？試著提出一個好的道理。雖然合理的不一定是正確的，但越合理，正確率越高。

2 試著發揮想像力，大象究竟是怎麼進去教室的？是否還可以想出其他答案？

參考解答請參見194頁

9

小光夢見大象小時候

下課後，大家把大象當作是住在教室的同學，說了「明天見」之後才各自慢慢離去。大象看著同學們離開後也趴下來休息。

當天晚上，小光又做了一個夢。夢見大象從小就住在教室裡，有人教牠畫畫，畫不好就一直被打，滿身傷痕，直到開始跟普老師學習講道理才不用被打。

夢醒後，小光跟阿珍說，大象小時候都被虐待。阿珍想了想大象身上有些像是被虐待的舊傷痕，覺得這個可能性很大，所以上網查了一下，發現原來那頭大象是馬戲團走失的表演象，還被懸賞十萬元。阿珍很驚訝地覺得小光的夢真準。小光也很得意自己很會作夢。

「但是，大象到底怎麼走失的呢？又為什麼會跑到教室裡？」阿珍還是想不出頭緒。

隔天上課時，阿珍把網路上看到的資料跟同學說，還要大家保護大象，不可以說出去，以免被帶回馬戲團虐待。

同學們仔細看著大象身上的舊傷痕，想著「原來大象是逃出馬戲團跑到教室裡躲起來啊」，了解後都很生氣，也覺得大象很可憐，決定要好好保護牠。

大象則很開心地吃著同學們帶來的早餐。

「希望不要有人為了賺那十萬元出賣大象喔！」小花在教室大聲說這句話時看著阿珍，手卻指著旁邊的小威。

「我才不會出賣大象！一百萬都不會。」小威說。

「哼！只要一百零一萬你就會出賣大象了喔？」小花說。

「才不會！一千億萬都不會！」小威生氣地說。

上課鐘響了，普老師照例在鐘響時到達教室門口。阿珍便說：「那是馬戲團走失的象，可是大家都說要保護牠，不要送回去。」

「原來是這樣啊！」普老師說：「那我們就假裝不知道牠是馬戲團走失的好了。」

「為什麼要假裝不知道啊？」阿珍疑惑地問。

「因為大象雖然被虐待，但法律上還是屬於馬戲團的財產。如果撿到別人的財產不送回去，那不就犯法了嗎？可是如果不知道是誰的，暫時幫忙養一下，那就比較沒關係。」普老師解釋。

阿珍聽了噗哧笑了出來，「原來普老師在鑽法律漏洞啊！」一時好奇就問了一個哲學問題：「老師，鑽法律漏洞是不是不道德的事情呢？」

小光一聽覺得很奇怪，想著難道阿珍希望把大象歸還嗎？由於她不希望把大象送回給可惡的馬戲團便趕緊說：「鑽法律漏洞沒關係啦！」

「哈哈。」普老師笑了笑，便說：「不管做什麼主張，都要說出道理才行。為什麼鑽法律漏洞沒關係呢？」

「普老師不是也鑽法律漏洞嗎？」小光好奇地問。

「這個理由不好。老師做的事情不一定就是對的。」普老師說。

阿珍知道普老師要大家做客觀思考，不能因為自己喜歡就認為是對的。所以她說：「鑽法律漏洞不好，可是為了要保護動物，相比之下，就比較沒關係。是這樣嗎？」

普老師比出讚的手勢，接著說：「這確實是一個好的理由。可是，法律和保護動物哪一個比較重要，這要怎麼比呢？為什麼保護動物比較重要？」

很少發言的佳佳說：「媽媽有說過，要看自己的心，良心很重要。」

普老師鼓掌說：「對！看自己的良心。這是一個很好的比較方式。」

大家聽了都覺得很有道理。果然講道理很重要，有好的道理大家就覺得可以接受了。

這時很愛唱反調的小威說：「可是萬一我的良心覺得不該鑽法律漏洞怎麼辦？」

小威一說完，同學都瞪他，覺得他想要害大象。小花立刻反擊說：「那你一定不是人類，人類都會覺得保護大象比較重要。你應該是外星人吧！」

小威接著說：「就算我是外星人，那為什麼不能用外星人的標準而要用地球人的標準呢？」

「因為我們在地球上啊！你回去火星就可以用外星人的標準了。」小花說。

小花說完大家都笑了。大象也像是很高興一樣發出了聲音。不知是在笑，還是也想發表意見。大家都覺得大象也是同學，都不希望牠回去馬戲團。連小威都有這種感覺，最後小威便說，「好啦！那就先依照你們地球人的良心好了。」感覺上小威好像很滿意把自己當作外星人了。

法律和保護動物哪一個比較重要？要怎麼比呢？
媽媽有說過，要看自己的心，良心很重要。
可是萬一我的良心覺得不該鑽法律漏洞怎麼辦？
那你一定不是人類，人類都會覺得保護大象比較重要！你應該是外星人吧！
就算我是外星人，那為什麼不能用外星人的標準而要用地球人的標準呢？
因為我們在地球上啊！你回去火星就可以用外星人的標準了！

問題思考與學習

1 小威是真的喜歡當外星人？還是這個說詞只是一種應變方法呢？

2 當不同的道德觀產生衝突時，是不是看自己的良心就沒問題了？還是說需要再考慮別的問題呢？

參考解答請參見196頁

10

跟大象同學一起上課

放學後，小光跑去文具店買了一些材料，買完立刻回宿舍製作東西。阿珍問她在做什麼也不回答，只神祕兮兮地說：「明天就知道了。」阿珍猜想一定和大象有關，但也想不出小光到底在做什麼。

隔天早上起床後，阿珍問小光還有沒有夢到什麼，希望小光的夢可以解開更多的謎團。但小光搖搖頭，表示沒再夢到什麼。這時，小光突然想起之前的夢便說：「之前夢到會發生一個大事件，會不會就是這個大象事件呢？」

阿珍想了想說：「有可能！這確實是一件大事件！」

小光聽了覺得很高興。但阿珍卻有點擔心，她想著：「小光似乎忘了在那個大事件的夢裡，有人要為這個事件後悔道歉，如果大象事件真的就是那個大事件，那究竟會發生什麼事情，究竟誰會後悔道歉？而且更糟糕的是，說不定真正的大事件還沒發生呢！到底大象事件會怎麼發展呢？」想了半天，也想不出頭緒，只好先不管了。

兩人到了教室，小光便拿出一張很大張的學生證要給大象，上面還有大象的畫像代替照片，畫得雖然不是很像，但圓圓胖胖的，很可愛。原來她昨天就是在做這張學生證。

當她正準備掛到大象鼻子上時，大象舉起鼻子，發出聲音，一副很高興的樣子。但小光卻發現上面已經掛了一張學生證了，也一樣有畫像，只不過畫得一點都不像大象，反而像一隻有著長鼻子的馬，上面還寫著「外星象」。原來小威也做了一張學生證。

小光仔細看了說：「牠是地球象，又不是外星象，怎麼可以給牠這種奇怪的學生證呢？」但小威卻說：「妳怎麼知道牠是地球象，妳的道理是什麼？」小光立刻說：「因為這裡是地球，所以牠是地球象。」但小威露出笑容：「嘿嘿……」接著說：「妳又不知道牠從哪裡來的，說不定就是從外星球來的。而且地球象無法縮小進到教室裡，外星象才有這個能力，所以牠是外星象。」

昨天小威把自己當作外星人，今天就把大象當作外星象，而且說得還蠻有道理的。因為他早就料到有人會問這個問題，所以早就想好要怎麼說了。

小光一時也覺得小威講得好像有點道理，不知道該怎麼反駁。小花在旁想要反對小威，可是他覺得外星象的學生證很酷，而且大象好像也很喜歡，就沒有開口。大象看起來並不知道每個人只能有一張學生證，牠好像很高興自己有兩張學生證，說不定還希望有第三張和第四張。

阿珍想了想小威的理由後說：「沒人知道外星象可以縮小啊！而且，外星象為什麼長得跟地球象一模一樣也很奇怪！」聽完阿珍的推理，大家都覺得比小威的說法更合理。

上課鐘響時，普老師一來就聽到大家在講道理，覺得很開心，就誇獎同學們越來越會講道理了。便問還有沒有人可以提出更好的道理。

就在大家紛紛提出各種道理時，普老師看見遠方有陌生人東張西望地慢慢

我畫了學生證要給大象！
咦？有誰先做了？
大象
外星象
不用太讚美我。
牠是地球象，又不是外星象。
妳怎麼知道牠是地球象，妳的道理是什麼？
因為這裡是地球，所以牠是地球象。
妳又不知道牠從哪裡來的，說不定牠就是從外星球來的。
嘿嘿嘿

走過來。普老師似乎覺得情況不太對，便要同學趕緊把教室門窗都關起來。不要讓人看見大象。

陌生人穿著西裝，沒下雨卻還帶著一柄大雨傘，用雨傘當枴杖，每走一步都發出雨傘尖端撞擊地面的聲音，大家望著他慢慢走近都沒說話，彷彿天地間只剩下嘎、嘎、嘎的聲音，這個聲音搞得每個人神經緊繃。

他的行為舉止並不像學生家長，因為臉上露出那種假假的禮貌性微笑，還一直東張西望，看起來比較像是來找人或找東西的。他一到普老師面前就說：「不好意思，我是馬戲團的負責人，這幾天剛好在附近表演馬戲，我們的大象不見了，請問有沒有人看見呢？」

果然，來的人是馬戲團老闆。大家聽了都很緊張。一時之間沒人回答問題，因為沒人想要承認大象在教室裡面，而且大家都還記得普老師之前有說過，人不該隨口說謊。因為這不只不道德，還會失去別人的信賴。

「這該怎麼辦呢？」因為不知道該怎麼辦，所以大家都閉口不說話。

但是，一片靜默也讓人感到不安，這就好像在默認有看到大象一樣，而且這時大家心裡也很擔心萬一大象突然發出聲音怎麼辦。如果被發現帶回馬戲團，可能又要被虐待了。大家都想要趕快打破這個靜默狀態，可是又不知道該說什麼。阿珍轉頭看著普老師，普老師卻只是微笑著，不知普老師是不知道該怎麼辦而假裝微笑，還是胸有成竹地有什麼計畫。

就在這個不知所措的緊張時刻，小威突然打破寂靜：「誰見過什麼大象啊！又沒去動物園！」

聽到小威這麼說，大家終於鬆了一口氣，但也難得大家都感激小威挺身而出，就連平時最喜歡和小威鬥嘴的小花也不和他鬥了，還趕緊點頭說：「對！對！對！」也沒有人會去責怪小威說謊。

但馬戲團老闆看了桌椅都在走廊上，覺得有點奇怪，便問：「你們為什麼在教室外面上課呢？」

普老師笑了笑說：「這是創新教學啊！」

阿珍覺得普老師好厲害，普老師可以不用說謊還能解除危機。因為在教室外面上課確實是創新教學也沒錯啊！這樣就可以不用說大象在教室裡面了。

馬戲團老闆也點了點頭，但還是覺得很奇怪，便問：「可是為什麼要把教室門窗都關起來呢？裡面有什麼東西嗎？」

阿珍覺得這下完了，普老師不說謊要如何回答呢？會為了保護大象而騙人嗎？還是會為了不說謊而承認大象在裡面呢？一心想著要幫普老師解圍才行，所以立刻脫口而出說：「大象不可能在裡面啊！門這麼小，怎麼進去！」

馬戲團老闆看了看門，確實太小了，大象走不進去，又看看窗戶，雖然窗戶比門大很多，但也是太小了，便說：「哈哈！我沒有懷疑裡面有大象啦！我只是很好奇為什麼教室門窗都關起來，雖然教室的窗戶很大，但就算兩邊窗戶都推開，大象也很難擠進去的。」

普老師又笑了笑說，「教室門窗關著是因為如果把門窗打開，對健康不好。」

馬戲團老闆愣了一下，不明白這是什麼意思？想著：「難道這位老師是在考我的智商嗎？」因為馬戲團老闆小時候成績不好，常常被人笑很笨，以致於特別擔心別人說他笨，所以聽不懂別人說的話時，也不好意思發問。他想了一會，才若有所悟地說：「原來是剛油漆啊！油漆味確實對健康不好。」

馬戲團老闆有點擔心自己猜錯了，抬頭看到普老師微笑點頭就比較放心了，還覺得自己真聰明。但擔心普老師出更難的考題，就趕緊說：「抱歉打擾你們上課了！」說完立刻轉身，打算盡快離開，到其他地方尋找。

看見馬戲團老闆轉身要走了，感覺總算危機解除。阿珍想到之前學過的詭辯術，也就是利用人思考的弱點來誤導他人，覺得普老師真的很會運用，竟然不用說謊就可以解除這些危機，還很快把馬戲團老闆趕走了。因為普老師也沒謊稱教室裡有油漆，是馬戲團老闆自己說的；而普老師說打開門窗對健康不好，也沒說對誰的健康不好，他的意思應該是打開門窗的話，大象就會被發現，發現後被帶回馬戲團虐待，這對大象的健康不好。阿珍覺得這招真是太厲害了。

但馬戲團老闆走了幾步卻突然回頭問：「不知老師有沒有聽說誰在校園見過大象？因為有人說看到不知誰帶著大象往這間學校的方向走過來。」

阿珍心想：「哇！這下完了！如果說『沒有』就是說謊，說『有』的話大象就會被發現，該怎麼辦呢？」

普老師卻回答：「我有一陣子沒見到大象囉！」

馬戲團老闆聽了點點頭就很滿意的繼續往回走了。

這時阿珍想著：「普老師算是有說謊嗎？」想著想著：「好像真的沒有耶！因為他說一陣子沒見到，一陣子是多久呢？五分鐘也算是一陣子啊！自從教室門窗關起來之後，普老師確實超過五分鐘沒見到大象了。但馬戲團老闆誤以為一陣子是很久的時間，他自己不問清楚要怪誰呢？」

突然，阿珍領悟到詭辯術真是太強了。雖然以前學過就覺得很酷，但沒有深刻感覺到竟然這麼有用，完全可以用來化解生活中遇到的危機。

但是，危機卻還沒有完全解除，因為馬戲團老闆走了幾步後又回頭說了一句話，而這句話卻讓阿珍有點擔心。他說：「小朋友們！如果有人看到大象就來跟我說，除了懸賞獎金十萬元，再加送一支最新手機！」

說完，好幾個同學都「哇！」了一聲，但發出聲音的人都被其他同學瞪了一眼，自己也覺得受到誘惑很不好意思。

這時小光有點生氣地自言自語說了一句話：「虐待大象真不應該！」聲音雖然不大，但仍舊傳進馬戲團老闆的耳朵裡，他隨即又走了回來。看著他走回來，小光有點後悔自己一時衝動亂說話。

阿珍這時突然想到小光夢裡的「有人會後悔道歉」，想著：「難道是小光說錯話害了大象嗎？」突然有點擔心，想幫小光打圓場，可是想不出在這種時候還能說什麼。

馬戲團老闆說：「小朋友說得很好哇！可是妳怎麼知道大象被虐待呢？」

「我夢到的。」小光趕緊解釋。

「原來是夢啊！夢怎麼能當真呢？」馬戲團老闆覺得小光在騙人，但又想不出小光為什麼要這麼說？「難道走失的大象真的在教室裡？」馬戲團老闆又看了看教室門窗，覺得不太可能，因為大象根本進不去。

大家看見馬戲團老闆盯著教室看，都很緊張，也不敢亂說話。但小花卻慌張地跑到教室門口說：「裡面沒有大象！」

這個舉動讓大家心想：「完蛋了！」

果然，馬戲團老闆哈哈大笑說：「妳說沒有不就一定是有嗎？這不就是『此地無銀三百兩』的故事嗎？」

聽他這麼說，大家心都涼了：「果然大象還是被發現了！」

阿珍這時想著：「後悔道歉的難道是小花？但起因是小光，所以兩人大概都會後悔道歉吧！」阿珍還是想不出該怎麼幫忙。只好靜觀其變，事後再好好安慰她們了。

可是這時馬戲團老闆心裡想的卻跟大家以為的不一樣。他表面上雖然假裝知道裡面有大象，心裡卻在罵人：「死小孩！想故意引我上當聞油漆臭味。我又不是笨蛋，哪有這麼容易被騙！」原來馬戲團老闆根本不相信大象會在教室裡，所以認為小花故意這樣講要騙他上當去開教室門，然後就可以在他被油漆味嗆到後嘲笑他很笨。他一直很在意以前被說很笨的事情，所以無論如何都想要避免。於是馬戲團老闆想到一個計策，便說：「不然妳開門讓我看看，就可以知道裡面沒大象了！」

馬戲團老闆心裡想著自己真聰明，因為站遠遠的就不會被油漆味嗆到，而且還讓小花自己去聞油漆味。這可以算是反將一軍。不過馬戲團老闆也不認為小花真的會開門聞油漆味，猜想她一定會找藉口不開門，但很好奇小花會找什麼藉口，所以站在那邊微笑不走。

「我才不要開門！」小花兩手攤開守衛著門，心裡有點後悔剛剛那樣說，想著不管怎樣都不可以開門，要守護這個門。大家看了馬戲團老闆微笑的神情，都以為事情已經暴露了，也都圍過去要保護大象，不讓教室門窗被打開。

正當大家擔心馬戲團老闆去開門的時候，普老師卻看穿了馬戲團老闆的想法，所以接著說：「哈哈！你們不要這麼愛惡作劇！對長輩要有禮貌，想騙人聞油漆臭味是不對的。一起跟老闆說對不起！」

同學一時還沒反應過來，搞不懂為什麼要說對不起，可是還是照做了。馬戲團老闆心想：「果然被我看穿了，我真是聰明啊！」接著哈哈大笑的跟普老師說：「沒關係！沒關係！小朋友天真愛玩是正常的！」說完後，這次就真的頭也不回地離開了。

馬戲團老闆轉身離開時，大家又都嚇了一跳：「奇怪！他不是已經知道大象在裡面了，為什麼還是走了呢？」

等人影走遠後，普老師才跟同學們解釋馬戲團老闆心裡的想法，大家才恍然大悟，覺得好神奇，怎麼會有這種事呢？普老師接著說：「有時心裡認定一件事情一定是怎樣的時候，就容易陷在那裡，很難往不同的地方想，跳不出來，就自然會忽視明顯的線索。就像馬戲團老闆認定大象不可能在教室裡面，不管有多明顯的線索，他都看不見，只會往扭曲的地方思考。這是我們在談道理時，最需要小心的地方。尤其有立場時，或是有個人喜好時，思路都會以維護個人立場和喜好來推理，就很難客觀思考，想錯了也沒辦法發現。」

有了馬戲團老闆的這個實際例子，大家都深刻體會到這種「思考陷阱」的可怕！小光也突然領悟了，她對阿珍說：「原來這就是上次說的『教室裡的大象』的意思，馬戲團老闆對明顯的線索『視而不見』！明明線索就像大象一樣很明顯地擺在眼前，但由於心中有偏見，無論如何就是無法察覺。」阿珍笑了說：「對呀！沒錯！就是這樣。」

阿珍原本擔心著小光的夢，現在終於放心了，可是她還是忍不住會想：「不知未來還會不會有危機，不知未來會不會有人做出什麼會後悔道歉的事情，不知未來會不會發生真正的大事件！」

問題思考與學習

1 什麼是「詭辯術」？

2 什麼是「反將一軍」？

3 什麼是「此地無銀三百兩」？

參考解答請參見198頁

11

遇到兩難困局了，怎麼辦？

馬戲團老闆為了尋找大象，除了懸賞十萬獎金之外，還外加一支最新手機。由於最新手機這個獎品很吸引同學們，所以阿珍擔心有人去告密，但過了兩天都沒事，就比較安心了。阿珍認為想告密的人不會拖這麼久，因為先告先贏，慢的就什麼獎品都沒有了。

這兩天大家持續在教室門口上課，大象也在旁邊聽，有時普老師說笑話，全班都在大笑的時候，大象也舉起掛著兩張學生證的鼻子，跟著發出聲音，像是跟著大家一起笑，雖然牠不知道大家在笑什麼就是了。

雖然表面上一切太平，但阿珍知道事情沒這麼簡單，除了不知道大象怎麼進到教室之外，還有很多問題還沒解決。像是如果馬戲團走了，大象得到自由後，要怎麼出來呢？總不能一直關在教室裡啊！出來後又要去哪裡？馬戲團那邊真的不會再來找牠了嗎？而且還要擔心小光那個關於大事件和有人後悔道歉的夢不知會不會靈驗，要煩惱的事情還真多啊！

隔天早上，阿珍和小光吃完早餐一起前往教室的路上，又遇見一隻穿山甲，小光仔細一看說：「不是上次穿鞋子的那隻。」阿珍感到有點懷疑，因為看起來都長得一樣啊，但或許小光有什麼分辨的方法吧！穿山甲穿過草叢，緩慢地過馬路。幸好校園裡沒什麼車，所以還算安全，但小光還是跑到前面去，萬一有車過來就要把它攔住。

阿珍在旁微笑，覺得小光很愛護動物。她也同時在想，如果大象和其他動物們都可以自由自在地在野外生活，那就太好了。

兩人走近教室時，發現同學們都趴在窗戶上看著教室裡面。原來大象躺在地上，很不舒服的樣子，像是生病了。

鐘聲響起，普老師一出現，同學們就嘰嘰喳喳的說：「大象生病了！怎麼辦？」

普老師探頭進去看，拍了拍額頭說：「啊！這真是太糟糕了！」

「要趕快找醫生啊！」小光說。

「可是找醫生來的話，大象在這裡的事情就會曝光，會被馬戲團帶回去！」阿珍說。

「總比生病死翹翹好吧！」小花說。

「那這樣好了，我去叫馬戲團老闆把牠帶回去，這樣就可以去看醫生了。」小威說。

「你是想得到懸賞金和手機吧！」小花生氣地說。

被看穿心思的小威感到有點困窘，立刻假裝很生氣地反駁說：「哪有，我是為了大象著想。如果我想要懸賞金和手機，早就去告密了！不然妳說該怎麼辦？」

小花想不出什麼辦法，但還是很生氣地說：「這是趁人之危！」

「哪有！我這是沒辦法中的最好辦法，而且大象也不是人。」小威說。

「趁象之危也不行！」小光說。

普老師要大家停止爭吵，接著解釋說：「這種處境就叫做『兩難困局』。」普老師在危機中還不忘教學，「生活中常常會遇到像這種眼前只有兩條路可以選擇，但兩條路都不好的情況，這時我們總只會比較兩條路，然後選一個比較好的。就像現在到底要讓大象看醫生被馬戲團找到，還是不看醫生有生命危險呢？這兩個選擇明顯都不好，可是又沒有其他選項。該怎麼辦呢？」

小光有所領悟地說：「原來如此，就像去餐廳吃飯時，不知道該吃飯還是吃麵一樣，每次都很難決定，所以只好兩個都吃。」

阿珍接著說：「這不一樣。妳是兩個都喜歡吃，所以解答是兩個都吃，但萬一兩個都不喜歡該怎麼辦？例如，在山中迷路了，只找到別人丟掉的臭麵包，那要吃還是不要吃呢？這樣的比喻才對。」

「這樣的話……」小光想著想著，想不出該怎麼辦。

普老師接著說：「當我們遇到這種兩難處境的時候，特別要記得一個思考法則，『看不見的不一定不存在』。其實通常還有其他更好的做法，甚至是兩全其美的做法，只是還沒看見。我們需要運用智慧，尋找還看不見的其他方案，而且只要想得出來，還常常會化危機為轉機。」

「什麼是化危機為轉機？」小光好奇地問。

普老師點點頭說：「舉例來說，有一天我在夜市閒逛，突然看到一家新開的店，就進去吃東西了。吃到一半突然發現錢包忘了帶，怎麼辦呢？這時看起來只能選擇偷跑或是欠帳，但兩個方案都不好。最後我就想到打電話約朋友一起來吃飯，說我請客但請他先幫忙付錢，就這樣解決了困局，朋友也很高興，還順便聯絡感情。這就是化危機為轉機了。」

「原來是這樣啊！就像在山中迷路，只有臭掉的麵包和不吃兩種選擇時，找到很美味的野果，就是化危機為轉機。」小光說。

普老師說小光領悟力很強，比喻得很好。小光聽了覺得非常得意。普老師接著要大家想想有沒有什麼好方法可以脫離這種兩難困局。一說完，同學們就開始運用智慧思考第三條路了。

過了一會兒，阿珍首先想到：「對了！只要找願意保密的獸醫不就好了！如果有認識的獸醫，事先說好，就可以了。」

普老師鼓掌說這是好方法，接著問：「有人認識獸醫嗎？」大家都搖搖頭。這個方法行不通，只好繼續想下一個了。

小光想了想便說：「一定要獸醫嗎？人醫可不可以？我記得珍姐的叔叔是醫生，說不定也會醫大象。」

普老師點頭說：「如果有空過來的話，讓人醫先看看也可以。」普老師好像覺得「人醫」這個詞很不錯，也跟著使用。

「好啊！叔叔人很好，不會害大象的。」阿珍很高興地打電話給叔叔，跟他說起馬戲團的大象被虐待逃進教室裡，但生病了要看醫生。阿珍叔叔聽了覺得很有趣，表示很想看看大象，就說會立刻趕過來。大家聽了都覺得很高興，事情總算可以解決了。

小光回頭看著大象，流露出安心的眼神，大象看著小光的眼睛，似乎感受到了小光的心境，便逐漸安心地睡著了。

問題思考與學習

1 很多功課要寫，很麻煩，可是不寫功課會被罵，也很麻煩，在這種兩難困局中，該怎麼辦？

2 想想看自己遇到過哪些兩難困局，當時是否有想出什麼好辦法？嘗試跟老師或是同學討論自己遇到過的兩難困局，讓同學們一起思考有沒有更好的解決辦法。

參考解答請參見200頁

12

再會了，大象同學！

由於大象生病的關係，阿珍打電話找醫生叔叔幫忙。剛掛上電話不到一個小時，阿珍叔叔的高挑身影便出現在遠方，慢慢走了過來，大家看到都很高興。但他的身邊還跟著另一個人。「會是誰呢？」大家疑惑著，「獸醫嗎？還是護士？」大家好奇地伸長脖子仔細看，等到走近時，所有人都嚇了一跳，而且感到非常生氣。另一個人竟然是馬戲團老闆！「天哪！阿珍的醫生叔叔為了懸賞金和最新手機去告密了！」

這時阿珍突然有種被嚇到的感覺，她想著：「原來大事件就是大象被帶回去，然後要後悔道歉的人竟然就是自己。」

他們走過來時，阿珍的叔叔跟大家打招呼，但沒人要理他，連阿珍都沒說話。普老師也不知道該說什麼，只是禮貌性的點點頭。這時普老師心裡想著一個思考法則「原因不一定是這樣」。雖然看起來像是告密，但事實如何還不一定，要先觀察看看再說。「說不定他們是在校門口遇到才一起走過來的。」普老師心想著。

阿珍的叔叔看到大家的反應不太友善，笑了笑也沒說什麼，就直接打開教室門。馬戲團老闆一看見大象就驚嘆說：「原來真的在教室裡啊！太不可思議了！到底怎麼進去的？」說完，便走進去，拍拍大象。大家都替大象擔心，原本以為大象會很害怕，可是情況卻跟想像的不太一樣，大象不但沒有害怕的樣子，還很高興地動一動象鼻，發出輕微的聲音，像是看到老朋友一樣。小光小聲跟阿珍說：「大象是不是怕到不敢表現出害怕的樣子呢？」阿珍也小聲回答：「有可能！可是也有可能是我們的思考陷入什麼陷阱而扭曲了。說不定我們都想錯了。」這時阿珍心裡也出現「原因不一定是這樣」的思考法則。

阿珍的醫生叔叔看看大象後便說：「沒什麼大問題，只是最近天氣有點熱，關在教室裡可能太悶了，所以身體不適。」說完，大家鬆了一口氣，但還是很擔心大象被發現後被帶回馬戲團虐待。阿珍叔叔接著說：「這隻大象從小就被虐待，所以身體不好，這是牠的老毛病了。」看著大家疑惑的眼神，阿珍叔叔笑了笑解釋說：「我和這位馬戲團老闆是多年的好朋友，當年就是他向虐待大象的人把牠買下來，救了牠，然後跟著馬戲團表演。」他一邊說一邊給大象吃藥。

馬戲團老闆在一旁笑了笑點點頭。

「原來是這樣啊！」大家終於鬆了口氣。

「牠身上這麼多傷痕原來不是訓練馬戲表演被虐待的啊！」普老師說。

「不是的。這隻象很乖，很聰明，把牠救出來後一直都很開心，跟馬戲團團員都處得很好，不管學什麼都很快學會，根本沒人會去虐待牠。」馬戲團老闆接著又說：「我們馬戲團的每個人都很愛護動物，不會虐待牠們的。」

「原來如此！」普老師接著一鞠躬說：「對不起！我以為這隻大象被虐待就偷偷把牠帶出來藏在教室裡。」

大家聽到後都很驚訝，「原來犯人是普老師啊！」

阿珍這時想到，原來像普老師這樣會思考的人，也會誤解想錯事情，思考真是件不容易的事情。

馬戲團老闆笑了笑說：「沒關係！我看這隻大象好像蠻喜歡待在這裡玩的。就當牠是出來度假的好了，不然一直表演馬戲也蠻辛苦的！不過……」馬戲團老闆想了想接著說：「懸賞金你要幫忙付才行！」

「應該的！絕對沒問題！」普老師拍胸保證。

阿珍的叔叔卻說，「可是懸賞金要給誰呢？」

「不是你嗎？」馬戲團老闆說。

但阿珍的叔叔卻說：「是我通知你沒錯！可是卻是阿珍通知我的，所以應該給阿珍才對！」

阿珍不想要當告密者，所以立刻說：「是小光建議我找你的！」

大家一起看著小光，原來小光才是真正的告密者。小光一邊覺得當告密者不好，可是又覺得有懸賞金很好，心裡很矛盾，而且還想著，「不是還有最新手機嗎？」但又不好意思說出來，於是思路就卡在那邊不知道該怎麼辦。接著又想，「這就是兩難困局嗎？」

馬戲團老闆也覺得要小朋友扮演告密者好像不太好，於是說：「這樣好了，就當作沒有告密者好了，普老師也不用付懸賞金了，你們大家都有幫忙照顧大象，我給每個同學一個神祕禮物。」

小光聽了有點高興，也有點失望。高興不用當告密者，但失望原本告密者可以獲得的懸賞金和最新手機都沒有了，變成只剩神祕禮物。不過兩難困局也不用解決就自動消除了。

其他同學聽到有神祕禮物都高興地歡呼起來。

「可是，大象究竟是怎麼進到教室裡的？」馬戲團老闆問。大家也都很好奇地看著普老師。

普老師笑了笑，指著窗子回答說：「其實很簡單啦！你們看窗子這麼大！」大家看著窗子，但都搖搖頭。阿珍說：「就算把兩邊窗戶都推開，大象還是擠不過去的。」

普老師說：「窗戶全部拆下來就可以了。」

「啊！原來如此！」大家都恍然大悟。「怎麼都沒想到窗戶還可以拆下來再裝回去呢？」

過沒多久，吃了藥的大象逐漸站了起來。大家合力把大窗子給拆下來，大象就慢慢鑽了出去。在大家的歡送中，緩緩走出校園。離開時，還舉起象鼻，叫了一聲。感覺好像是向每位同學說謝謝！大家雖然有點感傷，但也都很高興。

隔天報紙出來，報導大象走失到了森林學園，受到同學們的照顧，沒有提到被普老師帶走的事情，還附上大象表演的照片。看著照片，小光第一個發現到：「咦！牠掛著兩張學生證在表演耶！」

「哇！牠是我們班上第一個出名的同學！」小花很得意的說。

「希望未來你們一個一個都會成為像大象一樣出名的同學。」普老師笑著說。

聽到這裡，大家都雄心壯志。未來要做出一些成果，成為像大象一樣令人驕傲的同學。

下課後，阿珍才突然領悟了，然後跟小光說：「上次夢見的大事件就是大象跑進教室裡，而後悔道歉的是普老師。」原本已經忘了這個夢的小光聽了覺得很有道理，很得意自己很會作夢。但這時，阿珍又再繼續想著：「這算是靈驗了嗎？還是說一樣是對號入座的思考呢？」想著想著，覺得這真是困難的問題啊！

問題思考與學習

1 思考能力很強的人還是會像普老師一樣犯思考錯誤，為什麼會這樣？既然如此，那還學思考做什麼呢？

2 如果馬戲團老闆沒有提出神祕禮物的取代計畫，小光就必須面臨兩難困局了。究竟要選擇當告密者獲得禮物，還是要放棄禮物不要當告密者呢？

參考解答請參見202頁

13

像仙丹一般的七彩野果

大象離開後的某一天，小光到森林裡探險，發現了一顆非常罕見的七彩野果，高興地又叫又跳，心想，「終於可以和大象說話了！」由於小光之前的探險有吃過這種果實，吃了就可以短暫和動物說話，而且她一直很想知道大象究竟喜不喜歡跟大家一起上課，還有是不是比較喜歡她做的那張學生證。所以趕緊摘下果子，裝進小瓶子裡。◆

但是打聽之後，才知道原來大象已經跟著馬戲團到國外表演了，也不知何時才會回來。小光只好失望地放棄跟大象說話的念頭。

對各種草藥很感興趣的阿珍仔細觀看七彩野果後嚇了一大跳，因為她之前

◆小光之前去水源森林尋找傳說中的龍時，雖然沒找到龍，但卻意外救了一隻蚱蜢，蚱蜢因為有緊急事情要請小光幫忙，就拿了一顆七彩野果給小光吃，吃完後小光就可以和動物們說話了。故事詳情請看漫遊者出版的《用故事培養孩子的邏輯思考素養》，另外《用故事教孩子邏輯思考力》也有許多小光的冒險故事。

在圖書館的一本古書圖鑑裡有看過這種傳說中的果子，記得功用是「通天地，療絕症」。原來跟動物說話只是七彩野果的一個小小功用而已。於是她跟小光說：「吃這果子只用來和動物說話，真是太浪費了。」

小光驚訝地說：「七彩野果還有別的功用啊？可是上次吃了也沒有其他感覺啊！」

阿珍：「那是因為妳用不著啊！」

小光露出不了解的表情。

阿珍接著說：「這個果子就像仙丹一樣，可以治療絕症，藥到病除。因為妳沒有生病，所以吃了也沒用，只是多了暫時可以跟動物說話的功用而已。這樣不是很浪費嗎？」

「那要留到生病才吃嗎？」小光疑惑著。

「這樣也不行，因為不知什麼時候才會生病，就算得了小感冒，拿仙丹治療感冒也太浪費了，而且果子摘下後也不能放太久，爛掉就沒用了。還是拿去給重病快死的人吃吧！這樣可以救人一命喔！」阿珍回答。

小光聽了卻有點不太願意，「那還不如自己吃了跟其他動物說話。」她覺得跟動物說話比救人更有趣。

阿珍搖搖頭說：「救人比跟動物說話更重要啊！」

雖然阿珍這麼說，但小光還是不覺得救人比較重要，不過她很信賴阿珍，想著，「既然珍姐這麼說，應該就是對的吧！」但又想，「不一定會遇到生病嚴重的人啊！如果找不到，就可以自己吃掉了。」所以，小光笑著說：「可是找不到這種人啊！」

阿珍：「去醫院就會找到！病人好了一定很高興，說不定會送妳很多東西喔！」

和「送很多東西」比起來，小光還是比較想跟動物講話，可是想著，「送很多東西也不錯啦！」所以，小光就搭車到醫院去了。

在醫院走著走著，看見一個房間裡面有許多人愁眉苦臉地圍著一個病床，小光便走了進去。她問：「請問這個人快死了嗎？」

一說完，大家回頭對她怒目而視。其中一個人很快走過來把她趕出去。

小光覺得奇怪，想著「他們大概不想要仙丹，還是自己吃了去跟動物說話好了」，所以小光便返回宿舍。

「原因不一定是這樣！」阿珍跟小光說：「他們不知道妳有仙丹才會趕妳的，並不是不想要。」

「原來是這樣啊！」小光了解後，隔天又帶著七彩野果去醫院。

小光走後，阿珍覺得有點不放心，擔心小光不會說話又被人趕出來，趕緊跑到圖書館借出古書圖鑑，追了過去。

小光邊走邊想，不知道送很多東西會送什麼呢？如果這些東西中還有一顆七彩野果，那不就賺到了嗎？小光覺得這樣很划算。可是想想也不對！因為如果他們有七彩野果，就自己吃了，根本不需要她的啊！果然這麼好的事情是不可能的！

到達醫院後，找到昨天的病房，病床上的老先生正看著窗外，旁邊都沒人。小光走過去，拿出七彩野果說：「老先生快死了嗎？我有仙丹喔！這是仙丹，可以治療絕症，給你吃。」

老先生看了小光一眼，心裡想著，這是哪個親戚家的小孩跑來跟他開玩笑呢？但當視線轉向七彩野果，便發現它真的很奇特，不僅色彩柔和多變，還似乎發出淡淡的七彩微光。一時充滿疑惑，卻也說不出話來。兩人便僵在那裡。

這時，擔心小光的阿珍終於及時趕到。小光看到阿珍雖然嚇了一跳，但還是很高興，因為她不知道該怎麼解釋。阿珍跟小光說：「我想一定沒人相信妳，所以到圖書館把圖鑑借出來。」她翻開古書，讓老先生看七彩野果的圖鑑。

老先生是個很有學問的人，貫通古今哲理。一看到古書，便知非同凡響。仔細對照野果的圖形和說明後，發現那真的就是傳說中的果子。如果記載是真的，那他的病就會好了。突然心情大受震動，原本已經不抱希望，現在竟然可以活下去，說不定還可以看到自己的孫子和孫女成家立業。想到這裡，高興地流下眼淚。

小光看見老先生這麼高興，自己也高興起來，忘了要先跟老先生要很多禮物，就趕緊把七彩野果放到他的手上，叫他趕快吃。

老先生正準備要吃時，突然又猶豫起來，手上拿著果子僵住了。

小光和阿珍都覺得很奇怪。小光趕緊說：「這個果子酸酸甜甜的，很好吃。不像有些果子苦苦澀澀的不好吃。」小光以為老先生怕果子不好吃所以猶豫不吃。

但阿珍知道不是這樣：「老先生是怕這果子沒效嗎？如果您不放心，要不要問問醫生的意見？」阿珍也擔心書裡面的記載不一定正確，覺得問問醫生的專業意見比較好。

但老先生搖搖頭說：「不是的。我在想，我這麼老了，就算吃了仙丹，治好了病，未來也活不久。不如給病重的小孩吃比較有意義。」

阿珍突然覺得老先生好了不起，竟然已經有了「看破生死」的智慧。她想起學校裡有一位比丘尼說過，如果修行到看破生死的境界，就會發現，死一點都不可怕，也不必擔心生命何時會結束。到了這個境界，就可以更開心地活在世界上。但由於大部分的人都沒法看破生死，不斷擔心害怕，反而活得不快樂。阿珍讚嘆說：「哇！老先生好厲害！已經看破生死了。」

老先生很驚訝的看著阿珍，疑惑著這個小孩怎麼會說出這麼有深度的話呢？便好奇問：「這個七彩野果的知識和看破生死的觀念是學校老師教的嗎？」

阿珍回答說：「七彩野果的知識是在圖書館看到的。看破生死的觀念是學校老師教的。」

老先生問了哪間學校後才恍然大悟。「原來是森林學園，難怪這麼特別。我也要捐一些財產給妳們學校才對。」說完就把野果交還給小光，跟她說：「去找一個比我更需要這個野果的人吧！小妹妹，我決定要繼續我該走的生命道路。」

小光在旁佩服地說：「老爺爺不怕死，好厲害！」

老先生哈哈大笑說：「就算躲過了今天，也躲不過明天。既然躲不過，那就順其自然，怕也沒有用。」老先生說著說著，內心跟著明亮起來，有種突然想通了的感覺。其實過去這段時間以來，他一直都在為自己的疾病擔心受怕，希望能治好，但又一直不斷地失望，直到仙丹出現的這一刻，反而一切都看開了，覺得人生的際遇實在非常好笑。

老先生接著說：「而且，畢竟沒人知道死後是怎麼一回事啊！為什麼要怕呢？說不定有很好的事情在未來等著呢？」

「就像冒險一樣！」小光領悟地說。

「哈哈！對！就像是一場冒險！」老先生點點頭。

阿珍也感動地點頭，帶著小光，走出醫院。她說：「那就先留著好了！但不知道有沒有什麼好的保存方法？」小光說，上次吃的那顆七彩野果被埋在細細的白沙裡面。阿珍點點頭說，「那就先放進白沙裡保存，等待有緣人好了。」

回到學校，小光跑去水源森林裡找到了之前見過的白沙，便把野果和白沙一起放進小盒子裡，擺在宿舍的架子上。阿珍看著架上的小盒子，心裡想著：「希望可以保存到下一次需要用到的時候。」而這時小光已經不知道跑到哪裡去玩了。

問題思考與學習

1 「解救別人」和「跟動物說話」比較起來，當然是解救別人比較重要，但是小光卻沒有這樣的感覺，為什麼呢？

2 什麼是「看破生死」呢？

參考解答請參見205頁

14

總統要選誰？

轉眼秋天過了，離總統大選投票的日子越來越近，到處都是選舉的各種話題。小威覺得很有興趣，也想要選總統。所以在哲學思考課上，小威問：「老師，為什麼我們班上不選總統呢？」

「拜託喔！班上的領導人叫做班長，又不叫總統！」最喜歡和小威唱反調的小花無奈地說。

「名稱有什麼關係！大家都知道意思就好了啊！」小威反駁。

普老師靈機一動，想到一個好點子，於是說：「好！我們來選班上的總統吧！有沒有人要參選？」

小威立刻舉手喊著：「我！我！我！」

小光也舉手：「我提名珍姐參選。」阿珍聽了笑了笑，因為森林學園並沒有固定的班級，大家依據不同的興趣上不同的課程，根本就不需要班長，不管名稱是班長或是總統，其實根本沒意義。但她知道普老師一定有什麼計畫，所以沒有發表意見。

「我也要參選！」小花露出可疑的笑容看著小威，大概想趁機扯後腿。

「沒有了嗎？」普老師環顧四周，接著說：「好！我們有三個候選人，候選人可以開始拉票，三天後投票。」

「什麼是拉票？」小光不解地問。

「拉票就是要自我宣傳，告訴別人自己很適合，然後要別人投票給自己。就像是把別人的票拉到自己這裡一樣。」普老師回答。

「這樣不就變成自賣自誇了，一點都不謙虛！」阿珍說。

「選舉時就是要告訴別人自己很適合，不用謙虛，但也不能說謊。每個候選人都把自己最適合的一面表現出來，讓別人做出最好的選擇，這樣才能選出最適合的人來。」普老師說。

「原來如此！」大家都點點頭，了解了並不是做什麼都一定要謙虛，有時就應該表現出自己最好的一面。

這段時間裡，小光到處跟人宣傳阿珍很好，最適合當班長。小花卻到處宣傳小威不適合當班長，讓小威很生氣。

很快的，三天過去了。投票當天，普老師借來一個小小的投票亭放在教室前面，每個人發一張印著三位候選人照片的選票，要大家依序進去圈選。

「為什麼要這麼麻煩啊！直接在座位上圈選不就好了！」小威說。

「不行！為了預防選舉作弊買票，自己投給誰一定不能公開。所以要在別人看不見的地方圈選，而且圈選完後要摺好才能走出來。如果沒摺好走出來，或是出來後又打開給別人看，就叫做『亮票』，這是違法的行為。」普老師解釋。

普老師想了想又接著說：「另外，圈選時一定要圈在格子裡，沒照規定圈選的票都算是廢票，要特別注意。而且不管有沒有正確圈選，票都一定要投入票箱裡，不可以帶走，以免被別人拿去作弊用。」

說完後，普老師又想了想，好像沒什麼要叮嚀的了。就要大家陸續投下自己的一票。

全部投完後，就開始一張一張的開票，每一張票都打開給大家看，然後唸出哪一個候選人得到這張選票。

最後的開票結果，大家都嚇了一跳，本來以為阿珍一定最高票，但卻一票也沒有。小花也只有一票，其餘大多投給最常欺負同學的小威。怎麼會這樣呢？

「一定是買票！」小花生氣的說。因為小花那票是自己投給自己的，明明好幾個同學都跟她交情不錯，而且都討厭小威，怎麼可能沒人投她呢？

「妳又沒證據！怎麼可以誣賴我買票，妳沒有『運動家精神』！」小威很得意可以報之前小花說他沒有運動家精神的仇。

小花沒有理他，大聲問：「有沒有人要檢舉小威買票？」但全班卻鴉雀無聲。

開票後阿珍連一票都沒有。雖然阿珍自己投了廢票，但提名她，以及到處宣傳要投阿珍的小光照理說是一定會投她的，卻也沒投，這讓小光很不好意思，一直低著頭。最後，小光鼓起勇氣舉手說：「對不起，小威給我一個很好吃的蛋糕要我投他，因為他說擔心沒人投他，只有自己一票很丟臉，希望我投他湊到兩票。我以為珍姐一定是最高票，不差我這一票，所以才投給小威的。」

「果然是買票！真可惡！」小花說。

小威很生氣的對小光說：「約定好不可以說的，說了就要還我蛋糕。」

「原來是這樣，難怪大家都不敢說。」小花一副很不屑的口氣。

這時，佳佳也舉手：「小威也騙我說只跟我約好，我也以為只多投他一票沒關係，所以才投他的。」佳佳說完，同學們也紛紛生氣的說：「對啊！小威騙人！」

被這麼多同學說騙人，小威也不敢再說什麼，只暗暗抱怨這些同學都不守信用。

等到大家說完了，普老師才笑著說：「其實現在社會上很多人都覺得『不差我這一票』，所以投票時沒有好好思考自己投的這個候選人是不是最適合，只是依照個人利益在投票，這種心態很容易被利用，等到不適合的候選人當選，後悔就來不及了。」

同學們聽了都點點頭，覺得要是小威真的當總統，真是太可怕了。可是想到自己被騙了，還要還小威蛋糕，都覺得很後悔，也越想越氣。

看見同學們又困窘又生氣的神情，普老師接著說：「其實，小威這招是我教他的。」

大家聽了都嚇一跳，只有阿珍頓時微笑，一副果然被她猜到的神情。因為她覺得小威想不出這麼厲害的花招。

普老師接著說：「蛋糕也是我買的，請大家吃，不用擔心！」接著，普老師又拿出三個好吃的蛋糕，分別送給沒吃到的小威、小花和阿珍。阿珍知道小光非常愛吃這種蛋糕，便把自己的讓給了她。想不到阿珍不但沒有責怪小光，還讓她多吃一個蛋糕，這讓小光一邊吃，一邊流下感動的眼淚。

問題思考與學習

1 這個騙人手法有什麼高明之處？為什麼同學們都被騙了？

2 在選舉過程中，除了買票的手法之外，還有哪些騙人的手法呢？思考一下要怎樣才能避免被這些手法欺騙？

參考解答請參見207頁

15

人命、狗命，比一比

哲學思考課一開始，普老師才剛走進教室，就看到阿珍滿臉疑惑的神情，覺得很訝異。阿珍也立刻舉手：「老師，人的命和狗的命比起來，哪一個比較重要？」

「汪！」阿珍才剛說完，就聽到一聲狗叫聲，感覺好像在說狗的命比較重要一樣。這讓同學們都哈哈大笑。原來小光帶著一隻流浪狗到教室裡。阿珍之所以會問這個問題，是因為昨天傍晚吃完飯後看見小光急急忙忙跑進宿舍，把之前藏在白沙裡，那顆可以治百病的七彩野果挖出來，又立刻跑出去。

阿珍很好奇地跟了過去，發現小光拿野果給一隻受傷躺在地上的小狗吃。那一瞬間，阿珍覺得不妥，心裡想著：「這麼珍貴的東西怎麼給狗吃呢？」正要阻止小光時，又覺得小狗很可憐，好像不應該阻止。正在猶豫時，小狗就已經把七彩野果吞下肚了。藥效果然很好，因為今天早上就已經看到小狗跳來跳去跟小光一起玩了，還興奮地跟著她們一起來上學。

雖然看到小狗痊癒很開心，但阿珍還是覺得很疑惑，「可以救人一命的仙丹給狗吃會不會太浪費了呢？但狗命真的不如人命嗎？」

普老師似乎覺得這個問題很難，他想了一想才開口：「從人的角度來說，當然會覺得人的生命比較重要。但如果可以從狗的角度思考，牠們可能會覺得狗的生命才最重要。那究竟誰才是真正重要的呢？」

同學們都覺得這個問題很有趣，聚精會神地看著普老師，也偶爾轉頭看一下窩在小光旁邊搖著尾巴的小狗。

他又沉思了一會，接著說：「如果我們相信生命無價，那麼，無價的東西是無法比較價值的。所以，因為人和狗的生命都是無價的，無法比較哪一個比較重要。另外，如果我們相信佛教說的『眾生平等』，人和狗就一樣重要了。」

說完，普老師似乎很滿意自己的解答。

「那如果手上有一顆仙丹，可以救一隻狗或是一個人，究竟要救誰呢？」還是很困惑的阿珍繼續追問。

普老師又想了想，便說：「那就不是人和狗哪一個比較重要的問題了，而是眼前的那一隻狗和那一個人，對妳來說，哪一個比較重要？」

這時，小威插話：「當然是人比較重要啊！如果是我和一隻狗受傷，妳要選擇救誰？」

「當然是救狗啊！」最喜歡和小威鬥嘴的小花不加思索地說。說完大家都哈哈大笑，而且鼓掌叫好。顯然喜歡欺負同學的小威人緣不太好，但阿珍只是笑了笑，沒有說要救狗，也沒說要救小威。

小威不甘示弱地轉頭問大家：「那如果小狗和小花受傷，你們要救誰？」

「當然是救小花啊！」同學們說的很大聲，故意表現出小威和小花地位不同。

小花在旁笑著說：「呵！自討苦吃！」

小威卻氣得說不出話來。

小光坐在旁邊若有所思，一直都沒說話。阿珍覺得很奇怪，便問小光在想什麼。小光說：「我在想，如果爸爸媽媽都生病了，仙丹只有一個，那究竟應該救誰呢？」

阿珍覺得這問題很難，於是抬頭望向普老師，普老師明顯也聽到了小光的問題，但卻假裝沒聽到，趕緊說要上課了。阿珍心想，這個問題大概連普老師都答不出來吧！

下課後，佳佳跑來跟小光說：「我覺得媽媽比較重要！因為媽媽比較好。」

小威在旁聽了說：「可是又不是每個人的媽媽都比較好，而且失去的總是感覺比較好。」

佳佳聽了覺得有道理，點點頭。

阿珍接著說：「從不同角度來看會有不一樣的想法。像我就覺得爸爸比較重要，因為爸爸對社會有很多貢獻。」

小威知道阿珍的爸爸是個大企業家，所以說：「又不是每個人的爸爸都是大企業家。」

小光聽了點點頭，覺得不同的標準就會有不同的解答，「那有沒有什麼標準是最重要的呢？」小光提出問題。

大家聽了小光的問題後，你看看我，我看看你，都搖搖頭無法回答這個問題。最後，阿珍說，「那就再問問普老師吧！」大家都很認同這個提議，於是收好東西離開哲學思考教室，各自去上不同的課程了。

問題思考與學習

1 如果爸爸和媽媽都掉進水裡，一個在橋的左邊，一個在橋的右邊，兩人都不會游泳，而且你手上恰好有一個救生圈，要丟給誰呢？試著給出答案，並說明理由。

2 人的命和狗的命究竟哪一個比較重要呢？試著說出自己覺得最合理的答案，並說明理由。

參考解答請參見209頁

16

最後一天有好事發生

很快的，學期到了尾聲，寒流也來了，山上非常地冷，幾乎就要下雪了。鬧鐘響了半天，阿珍還是窩在棉被裡不想出來，但小光立刻跳下床，還很得意地說：「怎麼一點都不冷呢？」

今天是學期最後一天，也是哲學思考課的最後一堂課。小光一起床就蹦蹦跳跳，嘴裡還一直哼著奇怪的旋律，看起來心情好得不得了。阿珍窩在棉被裡好奇地問：「妳做了什麼好夢嗎？」

小光點點頭說：「今天會有好事發生。」

「什麼好事？」阿珍問。

小光卻搖搖頭：「不記得了！只記得有好事會發生。」

阿珍笑了笑：「這樣不能算是預言夢，因為每天都一定會有好事，馬上就可以對號入座了，而且今天是最後一天上課，馬上就要放假，這不就已經是好事了嗎？」

小光呆了一下，接著說：「原來是這樣啊！哈哈！」

兩人吃過早餐後，往哲學思考教室走過去。遠遠看見同學又聚集在教室外面，而且還看見普老師已經到了。

「不知道又發生什麼事了！而且普老師今天怎麼這麼早到呢？」阿珍感到疑惑，便跟小光一起跑過去。

小光跑得比較快，一到教室門口，便開心地歡呼：「哇！大象回來了！」

阿珍聽了嚇了一跳，便往教室裡面看過去，真的看到大象了。「可是，怎麼看起來好像哪裡怪怪的！」

這時，衝到教室門口的小光卻說：「什麼啊！原來是氣球象啊！害我高興一下。」

原來普老師跟人借了一個氣球大象放在教室裡面，還把桌椅都搬到走廊上，想在最後一天上課時，讓同學們再一次感受跟大象同學一起上課的氛圍。

所以，雖然是假的大象，大家還是很高興。

上課鐘響後，普老師跟大家說：「我們今天來討論一個很重要的問題，什麼是真？什麼是假？首先，這個大象是真的？還是假的呢？」「假的！」、「當然是假的！」、「怎麼可能是真的呢？」大家紛紛回答，且意見一致。

普老師笑了笑說：「為什麼是假的呢？有沒有人可以說個道理？」

小光：「我剛才有摸到，觸感和真的大象不一樣。」

但普老師卻搖搖頭說：「那有沒有可能是妳的觸感有問題呢？而且說不定大象生了皮膚病，觸感變得不一樣了啊？」

「可是這個大象摸起來像塑膠，得皮膚病也不會變成塑膠皮膚啊！」小光接著說。

「嗯！有道理！」普老師點點頭。小光聽了覺得很得意。

這時小威一副很無聊的口氣說：「一看就知道是氣球象啊！不會動，也不會叫，怎麼可能是真的大象呢？」

小花又想跟小威作對，便一副很不以為然地說：「說不定是真的大象被魔法變成現在這個樣子，雖然外表變了，但內心沒變，還是真的大象。」

普老師聽了立刻鼓掌：「這個想法不錯！」

小花原本只是想反駁小威亂說的話，想不到被普老師稱讚，非常開心，便笑了起來，還對小威做鬼臉。

普老師接著說：「如果事實就像小花說的那樣，那這隻大象是真的？還是假的呢？」

阿珍想了想說：「這樣就應該是真的，因為心比身體更重要。」

普老師點點頭問阿珍：「為什麼呢？理由是什麼？」

阿珍又想了想說：「如果我和小光的靈魂交換身體，那這個我就應該不是我，而是小光才對。」

普老師又鼓掌說阿珍說得很好。

小光聽到小花和阿珍都被稱讚也很想發言，便說：「對啊！如果普老師的靈魂跑進橡皮擦裡面，那這個橡皮擦就是普老師了。」邊說邊指著桌上那顆有怪獸外型的小橡皮擦。

小光說完大家都在笑，普老師也點點頭說：「沒錯！說得好！」

小光又被稱讚，覺得非常得意。

普老師接著說：「可是這麼一來，我們怎麼知道這隻大象到底是不是真的大象呢？」

小光想起了夢見今天會有好事，於是便說：「如果真的大象出現，會讓人感到開心，就是一件好事發生。可是這個氣球大象的出現，並不讓人覺得是一件好事，所以這隻大象不是真的大象。」

這個大象是真的？還是假的呢？
說不定是真的大象被魔法變成現在這個樣子，雖然外表變了，但內心沒變！
一看就知道是氣球象啊！不會動，也不會叫。
這就表示心比身體更重要。
如果我和小光的靈魂交換身體，那這個我就應該不是我，而是小光才對。
說得很好！

小光說完，普老師瞪大眼睛說：「這個看法太了不起了！」

小光再三被稱讚，而且這次的稱讚是「太了不起」，這讓小光又更得意了，而且非常開心。但這時小光又想，「這隻氣球大象出現後才會討論這些問題，也才讓她有機會被稱讚，那這隻大象帶來了開心，就是一件好事，那應該就是真的大象才對啊！可是她卻是因為說這隻大象不會帶來好事才被稱讚的，這樣感覺有點矛盾了。」一時之間，小光有點搞不清楚，但想了一會還是想不通，就不去管它了。

阿珍知道小光是因為做了「有好事發生」的夢才這麼說的。但對普老師的讚美覺得很奇怪，所以看著普老師等他解釋。

普老師看著大家一會兒，知道大家都有疑問，便接著說：「到底什麼是真、什麼是假，有時很難分辨清楚。有些哲學家主張，如果我們具有真實的知識，通常會帶來很大的用處，所以一個想法有沒有用，有時可以作為判斷這個想法對不對的依據。」

普老師看著大家好像都有點似懂非懂的樣子，所以舉例說：「如果有人說，吃芋頭可以治療感冒，那這是真的還是假的？」

小威搶著說：「就吃吃看就知道了啊！有用就是真的，沒用就是假的。」

普老師立刻鼓掌說：「是的，這就是判斷真假的一種方式。所以，很多事情要嘗試看看才會知道。但是，有些比較危險的嘗試當然就不能隨便試了。」

大家聽完都覺得很有道理。生活中很多事情不是想想就好，要去嘗試看看才會知道。

「可是……」小光邊想邊說：「我如果把氣球大象看錯，看成是真的大象，然後很高興，覺得有好事發生。這樣想很有用，可是氣球大象還是假的啊！」

「說不定就變成真的了喔！」普老師笑著說。

阿珍反應很快地說：「這怎麼可能呢？如果把假鈔看錯成真鈔，拿去買東西，如果老闆也看錯，假鈔就會很有用，可以買到很多東西，但假鈔還是假鈔啊！」

「可是如果從頭到尾都沒人發現，真鈔和假鈔有什麼差別呢？」普老師笑著說。

阿珍聽了還是很不服氣，覺得不對，可是又不知道該怎麼反駁。同學們也大多都不贊成，只有小威覺得很有道理，想著假鈔也能買東西變成真鈔真是不錯。走廊上，大家嘰嘰喳喳說個不停。

就在吵雜聲中，教室裡突然發出「碰！」一聲大響。在走廊上課的所有人都立刻轉頭望向教室，發現氣球大象爆破了，煙霧瀰漫。同學們都嚇得目瞪口呆。

等到煙霧逐漸散掉，一個大象的身影出現在教室裡，緩慢移動，並且發出熟悉的聲音。

「真的大象！」小光第一個喊出來，並且馬上跑進教室裡。其他人也發現氣球大象破了之後變成了真的大象，也都跟著跑進去。大象的鼻子上還帶著之前小光和小威做的學生證。

教室裡面除了大象之外，連馬戲團老闆和阿珍的醫生叔叔也在，原來他們都一起躲在氣球大象後面。

看見同學們都這麼高興，馬戲團老闆說：「聽說大家都很想念大象，所以就跟普老師串通好，在學期最後一天來看大家，順便表演牠很拿手的變身絕活。」原來從氣球象變成真大象本來就是馬戲表演的項目之一。

非常開心的小光想到了自己的夢，便跟阿珍說：「妳看！很準吧！今天有好事會發生。」

這時正看著教室外面的阿珍點點頭說：「好準啊！而且好事還不只一件呢！」

「對啊！還有要放假了！」小光一邊摸大象一邊回答。

「不止！」阿珍說。

「嗯！還有今天被普老師稱讚三次！」小光接著說。

「還有更好的事情！」阿珍又說。

「還有什麼呢？」小光感到很疑惑，回頭看阿珍，發現阿珍正看著外面，順著阿珍的眼光望過去，看見兩個人，一男一女朝教室走了過來。小光一時之間，內心百感交集，掉下了眼淚。阿珍回頭看著小光，笑了笑說：「妳不是很想念他們嗎？快過去吧！」

小光衝出教室，抱著那位女士，走過來的兩人都笑著拍拍她的肩膀。她的父母雖然離了婚，但還是約好一起來接她放寒假。「果然，今天有好事發生呢！以後要多做這種夢才行！」小光想著。

問題思考與學習

1 「平時養成講道理的習慣，講道理的能力也會越來越強」，這個想法是真還是假呢？要怎樣才能證明真假？

2 小光這個夢到底算不算很準呢？

參考解答請參見211頁

問題思考與學習——參考解答

1 講道理威力無窮

1 如何培養講道理的能力呢？

答：學習講道理最重要的一點，就是要養成無論做什麼主張，都一定要說出理由的習慣；或是聽到別人有什麼主張，也要養成問理由的習慣。因為有了理由才能評價有沒有說服力。養成這個習慣後，就可以開始學習尋找更好的理由。不斷練習之後講道理的能力就會越來越強了。

2 什麼是「心想事成」？

答：「心裡想什麼都能實現」。這是大家最喜歡的生活。就像想要買東西時，只要跟爸爸媽媽說，他們都會買來，這真是太棒了。但是如果想要卻得不到，通常就會很難過。就像在大賣場，有時可以看到小孩吵著要買什麼玩具，如果沒有買給他們，就會大吵大鬧，甚至大哭大叫，一心一意想要獲得。但是，有許多東西只是一時興起想要，很快就不感興趣了，這類東西實在沒有購買的價值。這時爸媽可能就不會買；或者，有些東西對爸媽來說太昂貴買不起，也可能無法獲得。另外，有些東西不是有錢就可以買到的，像是真心的友誼和幫助。所以，每個人在成長中，都要學習如何接受想要卻無法獲得的心情。越能接納這種心情，心就越自由，越不受慾望支配，這是成長中很重要的一種能力訓練。

3

為什麼「合理的不一定是正確的」？為什麼要記住這個觀念呢？

答：當我們聽到一個合理的理由時，常常會直覺認為這就是正確的，缺乏思考是否真是如此的習慣，所以很容易想錯事情。例如，阿珍針對「天氣涼爽所以來學習講道理」提出一個合理的理由，大家就自然會認為「原來如此」，而不再去思考真正的答案是什麼。但這是正確的理由嗎？會不會普老師實際上不這麼想呢？就像如果有一天有位朋友突然不想跟你講話了，你也很容易找一個合理的理由就以為一定是這樣。但實際上卻不一定如此。了解這個道理很重要，這個道理讓我們知道，自己覺得合理的想法其實不一定正確，還要再多思考，多問問，才更能確定。

4

試著舉舉看其他例子說明「對號入座的思考」。

答：「對號入座的思考」最常用在算命方面。舉例來說，人其實都有很多不同的性格重疊在一起，例如：如果算命說自己是個「膽小的人」，那我們就自然會去看自己膽小的那一面，像人們都有很多事情不敢去做的經驗，這時就會覺得這種說法很準。可是，萬一算命說自己是個「勇敢的人」，就自然會被引導去想自己勇敢的一面，像人們總是在某些時候雖然害怕但還是勇敢前進，這時也會覺得算命很準。

2 尋找真理的哲學家

1 什麼是「害群之馬」？為什麼不要做害群之馬？

答：「害群之馬」指的不是馬，而是破壞團體的人。例如，一個商人賣假貨到外國，就害得所有本國商人都被懷疑賣假貨，導致嚴重的後果。只為了個人小小的利益，而損害整體極大的利益，這樣的人就可以稱之為害群之馬。如果大家都不當害群之馬，就可以讓整個團體達到最佳狀態。害群之馬有時不只害了群體，到頭來也害到自己，可說是得不償失。

2

什麼是「無理取鬧」？為什麼不應該無理取鬧？

答：「無理取鬧」指的是在沒有好理由為依據的情況下，還大吵大鬧，堅持己見的人。通常這樣的人都自以為自己一定是對的，在沒有好理由支持的情況下，這樣的自信心大多來自於無知，而不是真正的知識與好的思考能力。其實這種堅持錯誤觀點的情況很常發生，也很難完全避免。所以學習講道理很重要，當自己講不出好的道理又認為某件事情一定正確時，就很可能只是因為無知（不知道自己知識不足）而產生的自信心。

3

什麼是「學以致用」？學以致用有什麼好處？

答：「學以致用」是指學了某些知識以後能夠把這些知識轉化為能力，可以應用在生活中。很多知識其實光是知道是沒有用的，需要學習如何活用它才能發揮這些知識的功效。例如，學了很多關於游泳的知識，但卻不去練習，不會游泳，那這些知識就缺乏意義了。

4 我們可不可以懷疑從書本上學到的知識呢？

答：書本上的知識大多經過千錘百鍊，錯誤的機會其實很低。但是，嚴格說起來，當一個人學了越多知識，就知道我們對宇宙的了解其實非常少，未來是不是有可能發現書本上的知識是錯的，誰也不知道，所以我們還是可以懷疑書本寫的內容。但是，由於書本正確率很高，可以先當作是正確知識來學習。但如果有人提出不同看法時，也要注意聽，認真思考，因為說不定舊知識正要被推翻了。

3 可怕的比賽當作冒險遊戲

1 想一想為什麼金雞獨立比賽很好玩，演講比賽卻很可怕？下面哪個（或哪些）解答比較合理？除了這些解答，還有沒有其他更好的解答？

A 因為演講比賽的對手比較厲害。

B 因為我們對演講比賽有錯誤的知識，誤以為講不好會被看不起。

C 因為演講比賽有很多人在看。

D 因為演講比賽不是玩遊戲。

答：演講比賽之所以會讓人覺得很可怕，原因有很多，上面那些可能都是原因之一，但最主要可能是因為演講比賽要面對群眾。大多數人被群眾關注時都會很緊張，緊張就容易表現不好，表現不好就容易感覺會被人批評或看不起，這些都是讓人感到可怕的因素。但實際上，仔細想想就會發現，只要心態改變，把演講比賽當作冒險遊戲，或是像是金雞獨立遊戲一樣，就會覺得它其實沒這麼可怕了。而且，常去做類似的事情，可以鍛鍊面對群眾的勇氣，很值得嘗試。

2

參加比賽時都會很緊張，害怕表現不好，為什麼會這樣呢？而且越是緊張，反而表現越差，該怎麼辦才好？

答：害怕表現不好、會緊張是人的天性，每個人都會，所以這對每個人來說是很公平的，不用太在意自己的緊張情緒。緊張不是自己可以控制的，所以也不用設法去控制它，專心比賽就好了。但如果常常參加比賽，經驗一旦多了，就會越來越不緊張了。

4 運動家精神很虛偽？

1 **比賽輸了是不是要假裝很高興才算有運動家精神呢？**

答：每個人比賽輸了都會很失望，但為了要表現風度，卻還是要假裝很高興去祝賀對手獲勝。這樣確實很假。可是，如果不要假裝很高興，只是盡量不要表現出自己的失望，甚至禮貌性的微笑去恭賀別人，這並不算虛偽，反而是能夠體諒他人的高尚風度。

2 **想想看有沒有什麼時候說謊反而是好事？**

答：例如，球隊參加比賽時，教練會對球員說，「你們是最強的！」這句話可能不是事實，卻很有打氣的作用，比喊著「加油！加油！」有效多了。可以試著再提出不同的謊話，並且討論這些謊話是不是真的都沒壞處？

3 學生放學後應該要把作業寫完，想想看在什麼情況下沒寫作業反而是好事？

答：例如，家人生病需要照顧而沒時間可以寫作業，或是有其他更重要的事情要做時，都可以先做更重要的事情。到學校後，應該跟老師說明清楚。但沒寫的作業還是要補寫，因為這是學習過程中很重要的練習。

5 爸爸就像大山一樣

1 想想看你的爸爸是不是豬隊友呢？如果是的話該怎麼辦？如果不是的話，是怎麼學會成為好隊友的？

答：任何人在做不熟悉的工作時，都無法立刻駕輕就熟，還容易越弄越糟，就變成豬隊友了。但只要耐心指導，就會慢慢熟練。如果真的遇到豬隊友，不如多點耐心跟鼓勵，因為怒罵容易讓人失去信心，難以進步。所以，如果自己的爸爸是豬隊友，那要耐心告訴他如何變成好隊友。如果不是的話，那可以問問看是如何變成好隊友的。

2

在學校組隊時，萬一真的遇到豬隊友，該怎麼辦？

答：組隊時，大家都希望隊友很強，這樣就可以依靠別人的力量獲得較好的成績。但要記得幾件事情，如果你的隊友是神隊友，那在他眼中，你可能就是豬隊友。反過來說，如果你的隊友是豬隊友，那在他眼中，你就是神隊友？那麼，你希望你的隊友是豬隊友還是神隊友呢？任何事情其實都有好的一面和壞的一面，只看到壞的一面總會讓人傷心難過。最好的處事策略，其實是發揚好的一面，以及設法解除壞的一面。如果隊友表現不佳，可以好好協助他一起努力，不僅可以訓練自己的團隊精神，也可以獲得較好的成果。

6 幸福祕訣的傳說故事

1 小光聽到小威說她很可憐，便認為「原來大家都覺得她很可憐」，這樣的推理有沒有問題呢？

答：這裡需要注意一個重要的思考法則，「少數這樣不代表全部這樣」。人們對於自己不熟悉的事情，習慣會在看到少數例子後，就以為全部或是大部分都是這樣。就像第一次被騙去賭博的人贏錢後，就會以為賭博贏錢很容易而受騙上當。

2

廚師覺得臭豆腐不好吃，酋長認為他們是因為做不出來故意說謊。這樣的推理有何問題呢？

答：這裡需要注意的思考法則是，「原因不一定是這樣」。人們遇到一件事情發生後，習慣會提出一個直覺上看起來有道理的原因去解釋它，但卻不一定是這樣。就像跟同學吵架後考試考不好，就會覺得是因為吵架心情不好才會考不好，但不一定是這樣，可能是不夠努力的結果。

3

為什麼有人不愛聽別人講道理？除了直接說和透過故事之外，還有哪些講道理的方法呢？

答：針對自己不喜歡的結論，人們大多不喜歡聽人講道理，因為如果真的很有道理的話，會覺得心裡不舒服。例如，如果喜歡某個藝人，就不想聽到別人說這個藝人不好的道理。但這其實也是每個人要練習的地方，不要因為心裡排斥就不想聽，因為這可能會導致有了錯誤卻一直無法知道。例如，如果自己做了一個錯誤的選擇，但因為個人喜好的關係，不願意聽人講道理，就錯失了提早發現錯誤的機會。但針對別人不想聽道理時，還是有很多種方法可以嘗試，例如，講的時候可以委婉一點，或是點到為止不要講得太白，讓人自己去探索。透過故事也是一個方法，其他還可以暗示，或是分享自己類似的經驗。有些方法比較好，但也有些方法更不好。這需要好好仔細思考來選擇。

7 教室裡有一頭大象

1 為什麼「合理的不一定是正確的」？又為什麼要特別注意這個觀念？

答：正確的推理方式稱之為邏輯推理。學習邏輯就是在學習如何分辨正確的和錯誤的推理。大多數的錯誤推理都很容易發現，例如，有一天小光和阿珍走在路上，遇見一個大人說有一個最新的蘋果手機不要了，問她們要不要買，只要一百元就好。單純的小光聽了很高興就說要買，這個大人就說要她們和他一起回家拿。這時阿珍就覺得很有問題，便問，「為什麼新手機不要了？」這個大人回答用久了想換手機。阿珍立刻發現有問題，「明明是最新手機為什麼會用久了，而且要換什麼手機，要換舊型手機嗎？」說完就趕快帶小光離開了。像是這類騙子只要稍微想一下就知道很有問題。但是，有些騙術更精巧，更難發現。尤其許多推理聽起來很像是正確的，但事實上卻是錯誤的。這類推理在邏輯學上稱之為「謬誤」。謬誤很多種，需要熟練才不會掉入思考陷阱。其中一種謬誤就叫做「把合理當正確」的謬誤，對應的思考法則是：「合理的不一定是正確的」。因為人們在思考解答時，很容易把想到的第一個合理的想法，就當作是正確的，所以就沒有再仔細思考，很容易因為這種錯誤推理導致對人的誤解，以及製造錯誤知識。

2

哲學家真的對怪異的事情接受度比較高嗎？為什麼？如果是的話，是不是表示普老師的可疑舉動沒問題？

答：確實，哲學家對怪異事情的接受度比較高。重點在於一個思考法則，「任何事情都是有可能的」。只要保持這個思考習慣，對各種感覺上好像很不可思議的事情，都保持一個都有可能的態度，當事情發生時，就可以立刻去思考，不會突然被嚇到而手忙腳亂。但是，這是否就表示普老師的可疑舉動沒問題呢？其實不一定，這時我們要注意：「合理的不一定是正確的」。用「哲學家對怪異事物接受度比較高」來解釋「普老師太快接受教室裡有大象的事情」雖然是很合理的解釋，但未必就一定正確，還要保留也可能不是這樣的思考。

8 大象怎麼進去教室的？

1 猜猜看為什麼普老師沒有先想到大象怎麼進去，反而先想到大象要吃什麼呢？試著提出一個好的道理。雖然合理的不一定是正確的，但越合理，正確率越高。

答：阿珍猜想，「或許是因為最在乎什麼事情，就最先看到什麼事情！

有時甚至只看到最在乎的事情，反而其他都看不見了。」這個猜測雖然很合理，但卻不一定正確。因為合理的不一定是正確的，而且，說不定還有更合理的理由還沒想到。大家想一想，有沒有更合理的理由？

2

試著發揮想像力，大象究竟是怎麼進去教室的？是否還可以想出其他答案？

答：這題是想像力練習，沒有標準答案，可以天馬行空隨意想。不管和本書最後的結局是否一樣都沒關係。只要常常練習，就容易想出各種好玩的答案。

1 小威是真的喜歡當外星人？還是這個說詞只是一種應變方法呢？

答：小花說小威是外星人，感覺像是在批評他，而且同學還都在笑。如果小威很喜歡當外星人，就一點都不覺得自己被欺負。還說不定會很高興。所以，其實在人和人的交往中，心態不同會有很大的差別。

通常有自信心的人根本不會在意別人的批評，因為自我認同更重要。中國古代哲學家莊子說，真正厲害的人自己就了解自己了，哪裡好、哪裡不好、有多好、有多不好，通通都很清楚。就算全天下的人都批評他，他也不會覺得自己更差，就算全天下的人都讚美他，他也不會覺得自己更好。

但是，萬一小威其實不喜歡被叫做外星人，只是假裝喜歡，這樣是否是一種好的應變方式呢？這種應變方式的好處是讓想要嘲笑自己的人無法達成目的，算是一種不錯的應變方式。可是也還要看情況，如果是很難聽的稱呼，就算假裝喜歡，別人也不會相信，這時假裝反而會有反效果。

2

當不同的道德觀產生衝突時，是不是看自己的良心就沒問題了？還是說需要再考慮別的問題呢？

答：有時光靠良心來判斷是不準的，因為確實有時不同的人以及不同的成長環境會產生不同的良心感受。在這種情況，還是需要能夠說出好的道理才行。舉例來說，古時候某些典禮要殺羊祭拜，孔子的學生子貢覺得羊很可憐，所以不想遵守而想要改變。可是孔子卻認為遵守典禮更重要。到底哪一種才是真正良心的表現呢？這很難判斷。這時就需要大家說出更好的道理才行。

10 跟大象同學一起上課

1 什麼是「詭辯術」？

答：似是而非的推理叫做「謬誤」，故意利用謬誤去誤導他人則叫做「詭辯」。運用詭辯的技巧，稱之為「詭辯術」。詭辯術用在壞的地方，就是詐騙；用在好的地方，就是行銷術、兵法，或甚至是一種處事的智慧。

2 什麼是「反將一軍」？

答：依據象棋規則，只要能吃掉對方的將或是帥就可以贏得比賽。在只差一步就可獲勝時要喊「將軍」。意思是說，我下一步就可以吃掉你的將或是帥了。這時被將軍的一方如果能在解除危機的同時喊出「將軍」，就可以稱為反將一軍。在生活中，如果能在幾乎就要失敗的危機中反轉戰局，讓對手面臨失敗的威脅，都可以稱之為反將一軍。

3 什麼是「此地無銀三百兩」？

答：這個典故來自於中國民間故事。有個名叫張三的人把三百兩銀子埋在院子裡，但卻擔心有人把它挖出來，所以就在那裡插了一個牌子，上面寫著「此地無銀三百兩」。這種做法不只沒有達成原本隱藏的目的，還等於告訴別人這裡有三百兩銀子。針對這類不聰明的做法都可以用「此地無銀三百兩」來比喻。然而，故事還沒完，鄰居王二看見後便把三百兩挖出來偷走，但擔心被發現是自己偷的，於是在原本的埋銀處也立了一個牌子，寫著「隔壁王二不曾偷」。這也讓人一看就覺得是王二偷的。這也可以說是「此地無銀三百兩」的做法。

11 遇到兩難困局了，怎麼辦？

1 很多功課要寫，很麻煩，可是不寫功課會被罵，也很麻煩，在這種兩難困局中，該怎麼辦？

答：人生中很多該做的事情都讓人覺得很麻煩。最好的解決方法，就是訓練出不怕麻煩的能力，或是找出這些麻煩事好玩的地方，就可以徹底解決這個問題。例如，有人其實還蠻喜歡寫功課的，為什麼呢？因為只要認真去寫，寫得很好，就可以得到成就感，有了成就感，就可以慢慢培養喜歡寫功課的能力了。一旦培養起來，就不覺得寫功課麻煩，就徹底解開這個兩難困局了。如果一直覺得麻煩，然後隨便寫寫，不但寫得不好沒有成就感，還會更討厭寫功課，導致惡性循環。問題不但沒解決，反而會越來越糟糕。

2 想想看自己遇到過哪些兩難困局，當時是否有想出什麼好辦法？嘗試跟老師或是同學討論自己遇到過的兩難困局，讓同學們一起思考有沒有更好的解決辦法。

答：解決兩難困局不僅需要好的思考能力，還要好的創意。即使暫時想不出好辦法，也不表示這樣的辦法不存在。這是「看不見的不一定不存在」的重要思考法則。繼續想想看，或是詢問他人意見，說不定就可以發現原來還有這招。

12 再會了，大象同學！

1 思考能力很強的人還是會像普老師一樣犯思考錯誤，為什麼會這樣？既然如此，那還學思考做什麼呢？

答：普老師的錯誤思考叫做「輕率因果連結的謬誤」。看見大象身上的舊傷痕，就誤以為是馬戲團訓練造成的。這種錯誤思考型態屬於天生的，很難避免。我們要盡量訓練偵測謬誤的能力，讓謬誤出現時可以及早發現。要避免這種謬誤的口訣是「原因不一定是這樣」。也就是發現自己在做因果推理時，跟自己說，「原因不一定是這樣」，我們就會比較謹慎地再去思考是不是真的如此。但即使學會了這個口訣，仍不一定每一次犯謬誤的時候都會發現，還要看敏感程度有多高。但不管有多強，都還是有可能會有漏網之魚，所以思考能力再強都有可能犯謬誤而不自知，就像普老師一樣。也因為如此，一定要記得，推理時不管多有把握，都有可能是錯的。有了這樣的認知，就知道要更小心避免犯錯。

既然不管思考能力多強都會犯謬誤，那訓練思考的意義是什麼呢？雖然思考能力強並無法完全避免思考錯誤，但思考能力越強，就可以避免越多錯誤思考，當錯誤思考越少時，造成的危害自然就越小了，這就是學習思考的主要價值。若對此謬誤感興趣想多深入了解，可參考我的另一本著作《邏輯謬誤鑑識班》。

2

如果馬戲團老闆沒有提出神祕禮物的取代計畫，小光就必須面臨兩難困局了。究竟要選擇當告密者獲得禮物，還是要放棄禮物不要當告密者呢？

答：其實，就算馬戲團老闆以告密者身分給小光禮物，小光也不能算是告密者。因為小光在推薦阿珍叔叔來看病時，並沒有想要告密的動機，所以，在這種情況下，根本不能算是告密者。只要能看清這點，接受禮物其實並沒有不妥。但這裡要考慮的問題是，就算自己沒有告密動機，但接受了禮物就等於接受告密者的身分，這可能會影響自己的名聲，在這種情況下，放棄禮物的選擇也是合理的選擇。這裡比較需要考慮的問題可能在於接受懸賞金之後要怎麼使用，如果捐給班上同學辦活動，反而會帶來更好的名聲，這可能是更好的選項；但如果懸賞金必須由普老師來付的話，可能這就不是好的選擇了。從這裡也可以看出來，不同的情況，會有不同的最佳策略。

13 像仙丹一般的七彩野果

1 「解救別人」和「跟動物說話」比較起來，當然是解救別人比較重要，但是小光卻沒有這樣的感覺，為什麼呢？

答：對小光來說，跟動物說話很快樂，但不覺得救人會更快樂。那是因為缺乏感受他人心情的能力。如果我們常常去思考別人的處境，就容易培養出同理心，也就可以對他人心境感同身受。有了這個本事，就會發現救人比跟動物說話更有意義，也更快樂。例如，當看見有人被同學欺負時，想一想，如果自己是這個被欺負的同學，會有什麼感覺，會需要些什麼幫助？或者，比賽贏了高興歡呼的時候，想想看如果輸的是自己，看見贏的人高興歡呼會有什麼感覺呢？

2 什麼是「看破生死」呢？

答：人天生都會害怕死亡，但看破生死之後，就不再害怕了。那是因為很多錯誤的觀念讓人們陷入迷惑苦海，帶來許多不安。當智慧提升，超越了迷惑，了解一切不安的源頭，就能破除各種情緒上的困境。舉例來說，許多人很害怕進入新的環境，像是小學畢業害怕進國中，大學畢業害怕進職場。但是，這種恐懼大多來自於錯誤的觀念與想像，只要理性上解除各種錯誤，通常就更能勇往直前了。因為我們最後會發現到，新的環境不是只有新的困難和挑戰，也會帶來新的喜悅。

14 總統要選誰？

1 這個騙人手法有什麼高明之處？為什麼同學們都被騙了？

答：這個騙人手法利用了兩個思考弱點。第一，「合理的不一定是正確的」。小威說因為擔心自己只有一票很丟臉，希望用蛋糕多買一票才不丟臉。這個理由雖然合理，但卻未必正確。只要再想一下就會發現，其實只有兩票也一樣很丟臉，如果小威不想丟臉，很可能會再跟別人說一樣的話來獲得更多票。第二，這個手法利用了人的同情心，同情心容易讓人做出錯誤判斷，所以，同情心雖然很好，但還是要小心不要被利用了。

2

在選舉過程中，除了買票的手法之外，還有哪些騙人的手法呢？思考一下要怎樣才能避免被這些手法欺騙？

答：例如，有些候選人會提出大家都很高興聽到但卻不太可能實現的政見。就像每次選舉都會有很多候選人主張要在某些交通偏遠地方蓋捷運，但選完後就沒有消息了。其實只要好好想想就會發現，這些偏遠地方人口不多，而且還很分散，花大錢蓋捷運根本就不符合效益，這就屬於騙選票的政見。那麼，請再想想還有哪些例子呢？

15 人命、狗命，比一比

1 如果爸爸和媽媽都掉進水裡，一個在橋的左邊，一個在橋的右邊，兩人都不會游泳，而且你手上恰好有一個救生圈，要丟給誰呢？試著給出答案，並說明理由。

答：雖然遇到這種情況的機會很低，但在生活中有時確實會遇到某些問題，令人很難做決定。這也就是兩難問題，讓人陷入了怎麼選擇都不對的困境。遇到這類問題，其實就是智慧的考驗，要在看似沒有完美解答的表面之外，去尋找完美解答。記住：「看不見的，不一定不存在」。例如，趕緊喊人來協助就比猶豫要把救生圈往哪裡丟更重要。

2 人的命和狗的命究竟哪一個比較重要呢？試著說出自己覺得最合理的答案，並說明理由。

答：我們從不同角度思考，常常就可以獲得不同的解答。除了文章中的幾個不同角度之外，如果從「對社會貢獻能力」或是「心智能力」的角度來說，就會覺得人是比較重要的，而狗又比螞蟻重要。這也是為什麼我們直覺會覺得人命比較重要，因為我們習慣用這些角度來思考生物的等級。但這些角度也都是可以質疑的，並沒有定論。

16 最後一天有好事發生

1 「平時養成講道理的習慣，講道理的能力也會越來越強」，這個想法是真還是假呢？要怎樣才能證明真假？

答：有些想法要去做了才知道，不去行動永遠都只是空談。但對於那種做了會有害處的事情則不要輕易嘗試，像是一個人去山裡面冒險，雖然很有趣，但有難以預期的危險，這就需要經過仔細思考，判斷自己有能力處理各種問題時才能去做。由於許多人養成講道理的習慣後，講道理的能力越來越強，所以這些人都會覺得這個想法是對的。因此，這個想法正確的可能性很高。但也有可能是搞錯了，因為「原因不一定是這樣！」論理能力進步也不一定完全就是養成論理習慣造成的。不過，不管是真是假，還是要自己親身去試試才會知道。由於「養成講道理的習慣」這件事情就算試了之後「講道理的能力」卻沒有進步，那也沒關係，沒有任何壞處。這類事情只賺不賠，應該多多嘗試。

2 小光這個夢到底算不算很準呢？

答：這個問題沒有答案，不管覺得準或不準，試著說個道理看看。開始付諸行動，養成講道理的習慣吧！

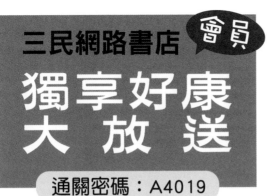

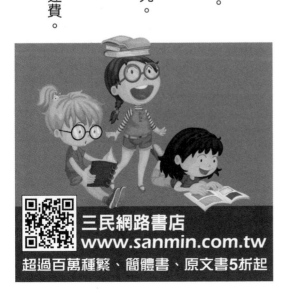

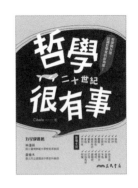

國家圖書館出版品預行編目資料

教室裡有一頭大象：思考、思考、講道理／冀劍制著.－－初版一刷.－－臺北市：三民，2022
面；　公分.－－（Think）

ISBN 978-957-14-7408-3（平裝）
1. 思考 2. 邏輯 3. 通俗作品

176.4　　111002169

Think

教室裡有一頭大象──思考、思考、講道理

作　　者｜冀劍制
繪　　者｜翔　龍
責任編輯｜向富緯
美術編輯｜林佳玉

發 行 人｜劉振強
出 版 者｜三民書局股份有限公司
地　　址｜臺北市復興北路 386 號 (復北門市)
臺北市重慶南路一段 61 號 (重南門市)
電　　話｜(02)25006600
網　　址｜三民網路書店 https://www.sanmin.com.tw

出版日期｜初版一刷 2022 年 5 月
書籍編號｜S100430
I S B N｜978-957-14-7408-3

三民書局